Einsterns Schwester

4

Themenheft 3

Texte planen und schreiben

Herausgegeben von
Roland Bauer, Jutta Maurach

Erarbeitet von
Katrin Baudendistel, Daniela Dreier-Kuzuhara

Cornelsen

Inhaltsverzeichnis

Lernportion 1
Kreatives Schreiben fördern

- Zu den Anfangsbuchstaben des Namens schreiben 5
- In einem Text Wörter mit K/k ersetzen 6
- Einen Text verschlüsseln 7
- Das Vortragen üben 8
- Eine Geschichte gemeinsam entwickeln 9
- Über das eigene Lernen nachdenken 10

Lernportion 2
Andere schriftlich informieren

- Merkmale einer E-Mail kennenlernen 11
- Anredepronomen finden und unterscheiden 12
- Abkürzungen entschlüsseln 13
- Berichte kennenlernen 14
- Berichte kennenlernen 15
- Einen Bericht schreiben 16
- Einen Bericht überarbeiten 17
- Über das eigene Lernen nachdenken 18

Lernportion 3
Erlebnisse erzählen

- Eine Erlebnisgeschichte planen 19
- Eine passende Überschrift finden 20
- Eine Geschichte szenisch spielen 21
- Den Höhepunkt erkennen 22
- Lebendig erzählen 23
- Gefühle zuordnen 24
- Eine Erlebnisgeschichte schreiben 25
- Eine Erlebnisgeschichte schreiben 26
- Über das eigene Lernen nachdenken 27

Lernportion 4
Gegenstände genau beschreiben

- Einen Gegenstand beschreiben 28
- Treffende Wörter finden 29
- Gegenstände unterscheiden 30
- Einer Anzeige wichtige Informationen entnehmen 31
- Eine Anzeige schreiben 32
- Eigene Texte kontrollieren und veröffentlichen 33
- Suchanzeigen miteinander vergleichen 34
- Ein Federmäppchen beschreiben 35
- Über das eigene Lernen nachdenken 36

Lernportion 5

Inhalte zusammenfassen

★ Eine Zusammenfassung kennenlernen .... 37 ☐
★ Die Zeitform einer Zusammenfassung beachten .... 38 ☐
★ Eine Fabel szenisch spielen .... 39 ☐
★ Eine Fabel zusammenfassen .... 40 ☐
☆ Ein Märchen zusammenfassen .... 41 ☐
☆ Eine Zusammenfassung überprüfen .... 42 ☐
☆ Eine Zusammenfassung überprüfen .... 43 ☐
★ Über das eigene Lernen nachdenken .... 44 ☐

Lernportion 6

Fantasiegeschichten schreiben

★ Eine Fantasiegeschichte schreiben .... 45 ☐
★ Den Hauptteil aus einer Sichtweise schreiben .... 46 ☐
★ Einen Schluss schreiben .... 47 ☐
☆ Fantasiegeschichten anregen .... 48 ☐
☆ Fantasiegeschichten anregen .... 49 ☐
★ Eine Fantasiegeschichte weiterschreiben .... 50 ☐
★ Eine Fantasiegeschichte weiterschreiben .... 51 ☐
★ Über das eigene Lernen nachdenken .... 52 ☐

Lernportion 7

Handlungen beschreiben

★ Den Aufbau einer Spielanleitung kennenlernen .... 53 ☐
☆ Das Internet als Informationsquelle nutzen .... 54 ☐
★ Eine Mindmap zu einem Spiel erstellen .... 55 ☐
★ Eine Spielanleitung überarbeiten .... 56 ☐
☆ Ein Lola-Spiel entwerfen .... 57 ☐
★ Über das eigene Lernen nachdenken .... 58 ☐

Lernportion 8

Gedichte schreiben

★ Verschiedene Gedichtarten erkennen .... 59 ☐
☆ Spielerisch ein Gedicht verfassen .... 60 ☐
★ Ein Rondell schreiben .... 61 ☐
★ Ein Schneeballgedicht schreiben .... 62 ☐
★ Über das eigene Lernen nachdenken .... 63 ☐

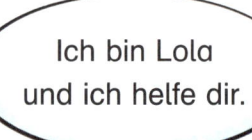

Ich bin Lola
und ich helfe dir.

So kannst du mit den Heften arbeiten

Du machst alle
Seiten der Lernportion **1**.

Zuerst im grünen Heft.	Dann im roten Heft.	Dann im gelben Heft.	Und dann im blauen Heft.

Danach machst du in
allen Heften die Lernportion **2**.

Nun machst du in
allen Heften die Lernportion **3**.

Genauso bearbeitest du
alle anderen Lernportionen.

1 Gestalte ein Schmuckblatt mit den Anfangsbuchstaben deines Vornamens und deines Nachnamens in Großbuchstaben.

2 Sammle zu jedem Anfangsbuchstaben Wörter, die zu dir passen.

> Die kunstvoll gestalteten Anfangsbuchstaben deines Vornamens und deines Nachnamens nennt man Monogramm.

lustig
lieb
Limonade
lachen
laut
lesen

Bananeneis
brummig
Bruder
Brille
bummeln
basteln

3

> Listige Lausbuben lachen lieber lustig.

1 In einem Text Wörter mit K/k ersetzen

1 Lies die Geschichte.

a) Markiere mindestens fünf Wörter, die mit **K/k** beginnen. Ersetze sie durch ein anderes passendes Wort.

b) Schreibe die Geschichte in Schönschrift in dein Heft und gestalte einen passenden Rahmen.

c) Unterstreiche die ersetzten Wörter.

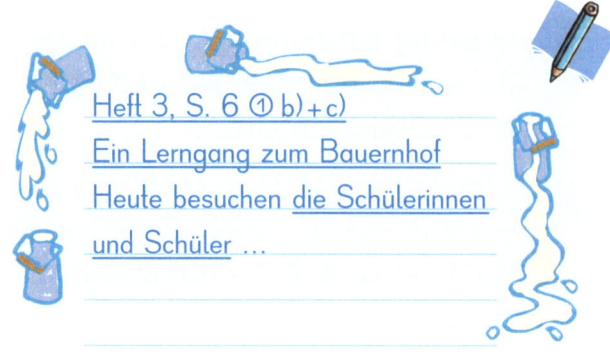

Heft 3, S. 6 ① b)+c)
Ein Lerngang zum Bauernhof
Heute besuchen die Schülerinnen
und Schüler ...

Ein Klassenausflug zum Bauernhof

Heute besucht die Klasse 4 a den Bauernhof der Familie Maier.
Der kleine Bauer erwartet die Kinder zum Rundgang durch den Stall.
Dort stehen dreißig Kühe, die frisches Gras kauen.
Anschließend bestaunen die Kinder das drei Tage alte Kalb Rudolf.
Sie dürfen es ganz vorsichtig knuddeln.
Als Nächstes kommen sie zur Milchkammer.
Aus der Kammer wird gerade die kalte Milch in ein Milchauto gepumpt.
Anschließend wird sie zur Molkerei gebracht.
Zum Abschluss bekommt die Klasse eine Kanne Milch geschenkt.

 2

Bauernho**f**

Fohle**n**

N**a**p**f**

1 Einen Text verschlüsseln

1 **Verändere den Text.**

a) Lies zuerst den ganzen Text. Lies dann Satz für Satz.

b) Finde das erste Nomen in der Wörterliste
im roten Heft (= Hubschrauber).

c) Ersetze das Nomen durch das dritte
darauf folgende Nomen in der Wörterliste (= Idee).

d) Verfahre so mit allen Nomen des Textes.
Passe das Nomen richtig an den Text an.

die **Höh|le**, die Höhlen [M]
der **Hub|schrau|ber**,
die Hubschrauber
der **Hun|ger**
hung|rig
der **Hy|drant**, die Hydranten [M]

I i
die **Idee**, die Ideen [M]
im|mer

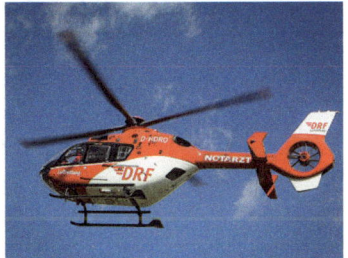

Ideen

Hubschrauber brauchen keine Startbahn

wie ein normales Flugzeug. Sie können senkrecht starten

und landen, rückwärts oder seitwärts fliegen und sogar in der Luft stehen bleiben.

Hubschrauber werden deshalb vor allem im Rettungsdienst eingesetzt.

Bei einem Verkehrsunfall können sie direkt am Unfallort landen und Verletzte

in ein Krankenhaus bringen.

2 Suche dir selbst einen kurzen Text und verschlüssle ihn auf einem Blatt.

a) Schreibe den Text ab und ersetze die Nomen im Text wie in ①.

b) Lass ein anderes Kind den Text entschlüsseln.

c) Sammelt eure Texte und stellt sie aus.

So trage ich etwas vor:

1. **Ich stehe auf** und beginne erst, wenn alle **ruhig** sind.

2. **Ich formuliere** einen Anfangssatz.
   Ich möchte euch (zusammen mit …) vorstellen, was für lustige Sätze entstehen können, wenn in einem Text einzelne Wörter ersetzt werden.

3. **Ich stelle** meinen Text **vor**. Dabei
   – **spreche** ich **langsam**, **laut** und **deutlich**,
   – **betone** ich wichtige Wörter.

4. Nach Möglichkeit trage ich meinen Text **frei** vor. Nach jedem Satz
   – mache ich eine **kurze Pause**,
   – **schaue** ich den Zuhörern kurz **in die Augen**.

5. Am Ende meiner Präsentation **bedanke** ich mich bei den Zuhörern.
   Vielen Dank für eure Aufmerksamkeit.

6. Ich lasse mir eine **Rückmeldung** geben.
   Was war gut? Was kann ich besser machen?

Unterstreiche Wörter, die du betonen möchtest.

1 Präsentiere mit einem Partnerkind Aufgabe **2** von Seite 7.
Du präsentierst die veränderten Sätze, dein Partner stellt die richtigen Sätze vor.

1 Eine Geschichte gemeinsam entwickeln

So schreibe ich (zu zweit) eine Pingpong-Geschichte:
1. Ich suche mir ein Partnerkind.
2. Ein Kind schreibt einen Satz auf.
3. Das andere Kind schreibt einen Fortsetzungssatz.
4. Abwechselnd ergänzen wir unsere Geschichte, ohne dabei zu sprechen.

1 Suche dir ein Partnerkind.
Schreibt gemeinsam
eine Pingpong-Geschichte.

Heft 3, S. 9 ①
...

2 Lest anderen Kindern eure Geschichte vor.

3 Sammelt Zeitungen und Zeitschriften.
Schneidet aus Überschriften und Werbeseiten einige Wörter aus.
Bildet aus den Wörtern lustige, spannende oder unsinnige Sätze.
Stellt aus mehreren Sätzen eine Geschichte zusammen
und klebt sie auf ein Blatt.

1 Über das eigene Lernen nachdenken

Ergänze deine Lernraupe.

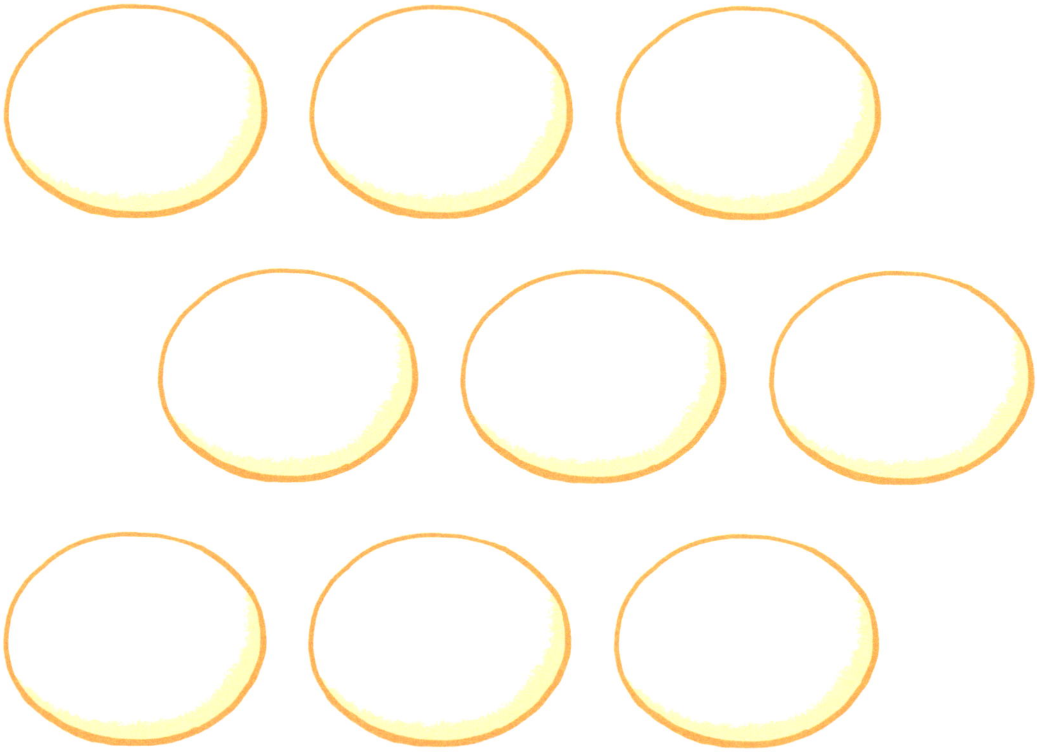

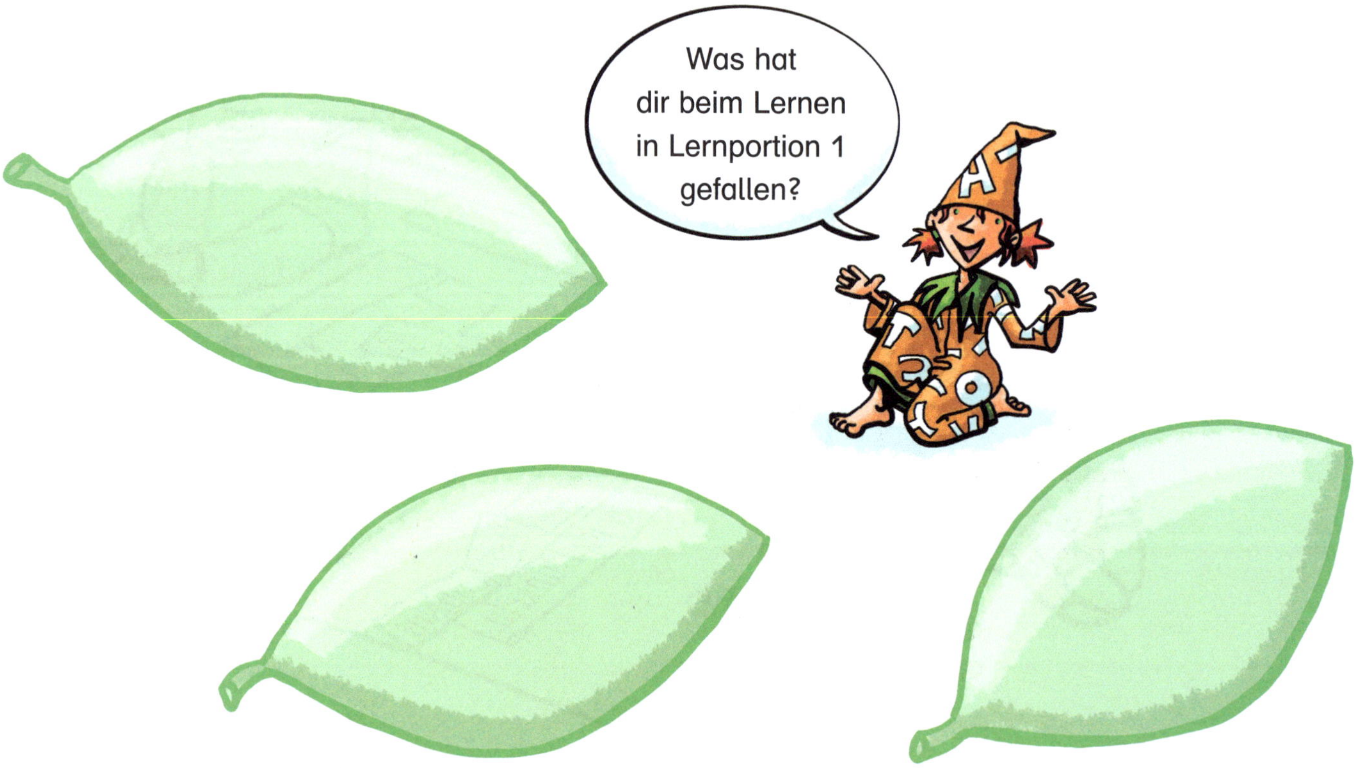
Was hat dir beim Lernen in Lernportion 1 gefallen?

2 Merkmale einer E-Mail kennenlernen

1 Verbinde jedes Wort mit der passenden Erklärung

Header

E-Mail

Betreff

Cc

Bcc

carbon copy (= Kopie der Mail an einen weiteren Empfänger)

blind carbon copy (= Blindkopie der Mail an weitere, für andere unsichtbare Empfänger)

Kopfzeile einer E-Mail, in der Hinweise auf Absender, Empfänger und Datum stehen

electronic mail (= elektronische Post)

Thema einer schriftlichen Nachricht

```
Von:    Lola
Betreff: ...
Datum:  22. August 2017 14:55:50 MESZ
Cc:     ...
Bcc:    ...
An:     Cornelsen Verlag

Liebe ...
```

2 Ordne den E-Mails die Betreffzeilen zu und finde selbst eine Betreffzeile.

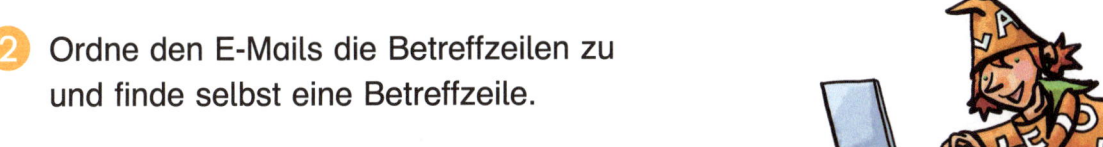

A Verabredung zum Schwimmen

B Projekt Wale   C _____

1

Liebe Lisa,

wollen wir heute Nachmittag um 15 Uhr ins Freibad gehen?

Viele Grüße
Tim

2

Liebe Jule,

möchtest du am Samstag bei mir übernachten? Frage mal deine Eltern, ob du darfst.

Herzliche Grüße von Antonia

3

Hallo Marie,

wollen wir zusammen in die Bücherei gehen und nach Walbüchern schauen?

Viele Grüße
Lea

2. Anredepronomen finden und unterscheiden

Ich unterscheide höfliche und persönliche (freundschaftliche) Anredepronomen.
Höfliche Anredepronomen schreibe ich **groß** (Sie, Ihr, Ihre, Ihrem …).
Ich verwende sie, wenn ich an Fremde oder Erwachsene schreibe.
Persönliche Anredepronomen (du, dein, dir, dich, euch …) benutze ich,
wenn ich an Freunde und Verwandte schreibe.
Ich kann sie **groß- oder kleinschreiben**.

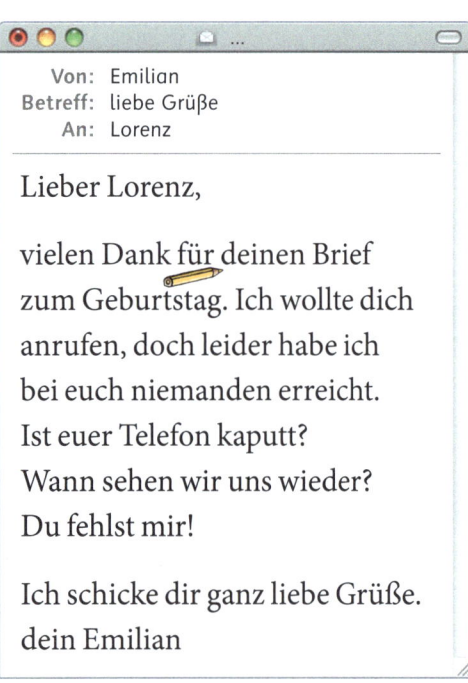

Von: Emilian
Betreff: liebe Grüße
An: Lorenz

Lieber Lorenz,

vielen Dank für deinen Brief
zum Geburtstag. Ich wollte dich
anrufen, doch leider habe ich
bei euch niemanden erreicht.
Ist euer Telefon kaputt?
Wann sehen wir uns wieder?
Du fehlst mir!

Ich schicke dir ganz liebe Grüße.
dein Emilian

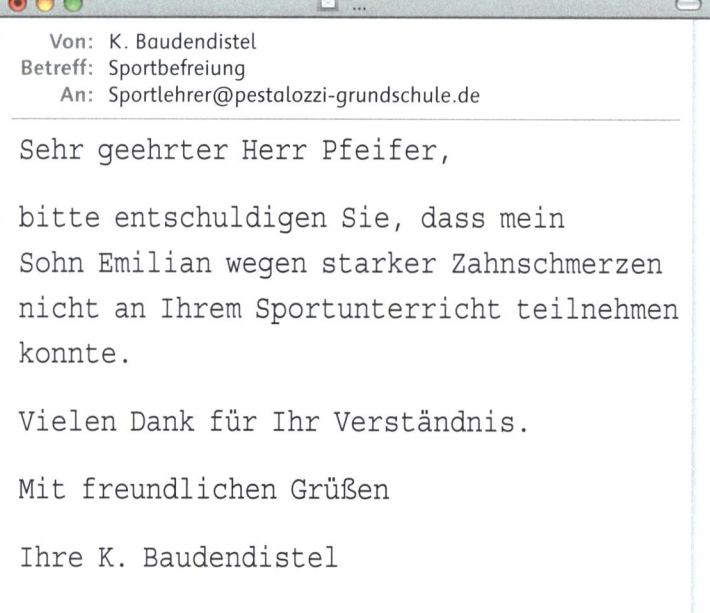

Von: K. Baudendistel
Betreff: Sportbefreiung
An: Sportlehrer@pestalozzi-grundschule.de

Sehr geehrter Herr Pfeifer,

bitte entschuldigen Sie, dass mein
Sohn Emilian wegen starker Zahnschmerzen
nicht an Ihrem Sportunterricht teilnehmen
konnte.

Vielen Dank für Ihr Verständnis.

Mit freundlichen Grüßen

Ihre K. Baudendistel

1 Lies die E-Mails und achte auf Anredepronomen.
Markiere die sieben persönlichen und die vier höflichen
Anredepronomen mit zwei verschiedenen Farben.

2 Schreibe kurze Briefe oder E-Mails, in denen du
dich für ein Geburtstagsgeschenk bedankst.

Heft 3, S. 12 ②

a) Schreibe an deine Großeltern.
Benutze persönliche Anredepronomen.

b) Schreibe an jemanden aus deiner Nachbarschaft.
Verwende höfliche Anredepronomen.

2 Abkürzungen entschlüsseln

> Ich verschicke Kurznachrichten (= SMS) mit dem Handy oder ich chatte. Dabei verwende ich Smileys, z. B. :-), und Abkürzungen, z. B. *sry*.

1 Decke die rechte Seite der Tabelle ab. Lies die Abkürzungen. Überlege, was sie bedeuten. Kontrolliere deine Vermutung.

:-)	lachend, froh, glücklich		:-(	traurig, enttäuscht sein
:-*	Kuss		:-O	erstaunt sein
:-X	schweigen		8-o	Oh nein!
lol	laut lachen (laughing out loud)		*fudhuk*	fall um den Hals und knuddel
:-$	krank sein		*Wil*	Was ist los?
l	lachen		*g*	grinsen
U	du (you)		*NM*	Nachmittag
sry	Entschuldigung (sorry)		*dwb*	dumm wie Brot
2L8	zu spät (too late)		*hdl*	hab dich lieb
HGW	Herzlichen Glückwunsch		*WE*	Wochenende
CU	Bis bald (see you)		*n8*	Nacht
LG	Liebe Grüße		*BB*	Tschüss (bye-bye)

2 Entschlüssle diese Nachrichten.

3 Schreibe eine Nachricht an ein anderes Kind und verwende dabei mindestens drei Abkürzungen.

→ AH Seite 16 Lernportion 2: Andere schriftlich informieren

2 Berichte kennenlernen

1 Zwei Berichte sind durcheinandergeraten.
Markiere die beiden Texte mit unterschiedlichen Farben.

Brandstifter legte erneut Feuer

Großer Applaus für die Theatergruppe Spielgut

Am vergangenen Mittwoch um 15 Uhr wurde in der Gemeindehalle Derendingen
das Märchen Rotkäppchen von der Theatergruppe Spielgut aufgeführt.
Gestern Nacht gegen 3 Uhr war wieder ein Brandstifter unterwegs.
In einer Scheune in Gomaringen wurden vermutlich Strohballen angezündet.
Die meisten Zuschauer waren zwischen 8 und 10 Jahre alt.
Anwohner sahen von Weitem die Rauchwolken und
meterhohe Flammen.
Die liebevoll gestalteten Kulissen ließen die Kinder in
die Märchenwelt eintauchen.
Da die Feuerwehr in nur wenigen Minuten vor Ort war,
konnte das Schlimmste verhindert werden.
Am Ende gab es großen Applaus von den begeisterten
Zuschauern.
Es wurden weder Menschen noch Tiere verletzt.
Die Theatergruppe plant im Frühjahr weitere Aufführungen.
Die Polizei bittet um sachdienliche Hinweise.

2 Entscheide dich für einen Text aus **1**. Beantworte die W-Fragen.

Wann? _____

Wo? _____

Wer? _____

3 Schreibe einen der beiden Texte von Seite 14 ab.

> Vergiss am Schluss nicht, deinen Text zu kontrollieren und Fehler zu verbessern!

2 Einen Bericht schreiben

> Einen **Bericht** schreibe ich in der 1. Vergangenheit (Präteritum).
> Ich schreibe sachlich, ohne Gefühle und ohne wörtliche Rede.

> Denke an die richtige zeitliche Abfolge.

1 Lies den Leitfaden zum Bericht.

> Den Anlass als **Überschrift** verwenden:
> Unfall in der Hauptstraße

> **Einleitende W-Fragen** beantworten:
> **Wann?** Samstag, 14. November, 14:23 Uhr
> **Wo?** Freiburg, Kreuzung Steinstr./Hauptstr.
> **Wer?** Beteiligte: Fahrradfahrer/Autofahrer Zeugen: Tobias Müller, Hanna Schreiber

> **Genauere W-Fragen** beantworten:
> **Was?** Auto fährt auf Kreuzung gegen 10-jähriges Kind mit Fahrrad
> **Wie?** Autofahrer übersieht die rote Ampel
> **Warum?** Autofahrer wird von Sonne geblendet

> **Einen abschließenden Satz** schreiben:
> **Welche** Folgen gab es?
> Das Kind brach sich den linken Arm.
> Das Fahrzeug hatte eine Delle.

> Bericht **überprüfen**:
> • Zeitform: 1. Vergangenheit
> • zeitliche Reihenfolge

STOPP

2 Schreibe mit Hilfe der blauen Beispielwörter aus dem Leitfaden einen Unfallbericht.

Heft 3, S. 16 ②
Unfall in der Hauptstraße
Am Samstag, den 14. November
...

2 Einen Bericht überarbeiten

1 Lies Text 1. Ordne den unterstrichenen Fehlern die passenden Korrekturzeichen zu. Schreibe die verbesserten Wörter auf.

> **R**echtschreibfehler: **R**
> **Z**eitfehler: **Z**
> **A**usdrucksfehler: **A**

Gebrochener Arm im Sportunterricht (Text 1)

Kürzlich geschah ein <u>Spottunfall</u>. Ralf <u>bricht</u> sich den Arm.
Jetzt trägt er den Arm in Gips. Er <u>will</u> über den Kasten <u>fliegen</u>,
da <u>passiert</u> es! Mit eigenen Augen sehe ich, wie er <u>plözlich</u> herunterfällt.
„Oh nein!", rief ich. Mir wird ganz schlecht vor <u>Schrek</u>. Ralf hat geschrien,
bis <u>das Krankenhaus</u> kam.

R: Sportunfall,

Gebrochener Arm im Sportunterricht (Text 2)

Am 17. Mai um 09.09 Uhr verunglückte in der Turnhalle Ralf Schneider
während unserer Sportstunde. Wir übten gerade das Springen über den Kasten.
Ralf war an der Reihe und lief schnell an. Als er sich auf dem Kasten mit beiden
Händen abstützen wollte, rutschte er ab. Er stürzte kopfüber herunter und prallte
heftig mit dem rechten Arm auf die Turnmatte. Unter Tränen klagte er über
starke Schmerzen im Unterarm. Herr Schweikert rief sofort den Krankenwagen.
Im Krankenhaus wurde festgestellt, dass Ralf sich den rechten Unterarm
gebrochen hat.

2 Lies Text 2. Vergleiche nun beide Texte mit einem Partnerkind.
Entscheidet, welcher Text ein guter Bericht ist. Begründet.

3 Nimm einen Zettel.

a) Schreibe mit Hilfe des Leitfadens von Seite 16
einen Bericht zu einem Thema deiner Wahl
(z. B. Unfall, Ausflug …).

b) Stelle deinen Bericht in einer Wandzeitung aus.

2 Über das eigene Lernen nachdenken

Ergänze deine Lernraupe.

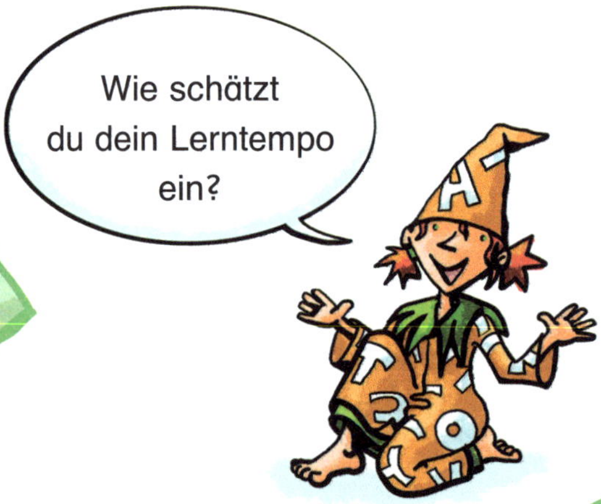
Wie schätzt du dein Lerntempo ein?

Eine **Erlebnisgeschichte** schreibe ich in der 1. Vergangenheit (Präteritum). Ich denke an die wörtliche Rede.

Verwende abwechslungsreiche Satzanfänge und treffende Adjektive.

1 Lies den Leitfaden für das Schreiben einer Erlebnisgeschichte.

Ein **Thema** finden:
ein Erlebnis aus den Ferien,
mit Freunden, in der Schule, …

Im **Hauptteil** ausführlich und spannend erzählen, **was** passiert:
• Einzelheiten schildern
• einen **Höhepunkt** schreiben
• Gefühle der Personen benennen

Eine passende **Überschrift** finden:
• neugierig machen
• nicht zu viel verraten

Die W-Fragen in der **Einleitung** beantworten:
Wer spielt bei diesem Erlebnis eine Rolle?
Wann war das Erlebnis?
Wo ist es passiert?

Im **Schluss** knapp schreiben, wie die Geschichte endet.

Erlebnisgeschichte **überprüfen**:
• Zeitform: 1. Vergangenheit
• abwechslungsreiche Satzanfänge
• treffende Adjektive

STOPP

2 Plane eine Einleitung für eine Geschichte. Notiere Stichwörter.

Wer? _____

Wo? _____

Wann? _____

3 Schreibe mit Hilfe deiner Stichwörter eine Einleitung.

Heft 3, S. 19 ③
…

3 Eine passende Überschrift finden

Die **Überschrift** einer Geschichte ist sehr wichtig. Sie soll den Leser neugierig machen und darf gleichzeitig nicht zu viel verraten.

1 Lies Janas Erlebnisgeschichte.
Markiere alle dazu passenden Überschriften.

| Grillfest ohne Würstchen | Wie Schnuffel alle Steaks klaute |

| Der Grill, die Würstchen und der Hund | Das nervige Handy |

Wie jedes Jahr feierten wir auch in diesem Sommer ein Sommerfest im Garten. Tante Petra grillte. Sie legte die Würstchen und das Fleisch auf einen Teller neben den Grill. Plötzlich klingelte ihr Handy. Tante Petra nahm den Anruf an und lief ins Haus, um ungestört zu telefonieren. Niemand bemerkte, dass der Teller neben dem Grill unbewacht war. Auf diese Gelegenheit hatte unser Hund Schnuffel nur gewartet. Der Frechdachs klaute alle Würstchen vom Teller. Als mein Vater das sah, rannte er schimpfend und mit den Armen rudernd hinterher. Aber er kam zu spät.

Jana, 10 Jahre

2 Finde eine eigene Überschrift zu **1**.

 **3**

3 Eine Geschichte szenisch spielen

1 Suche drei andere Kinder, mit denen du die Geschichte von Seite 20 spielen willst.

a) Lest die Geschichte noch einmal gemeinsam.

b) Verteilt die Rollen: ein Erzähler oder eine Erzählerin, Tante Petra, der Vater, der Hund

c) Überlegt gemeinsam:

Was sagen die Personen?
– der Erzähler als Erklärung
– Tante Petra, als das Handy klingelt
– der Vater, als er den Hund sieht
– …

Was tun die Personen (= Handlungen und Gesten) und welche Gefühle zeigen sie?
– Die Tante baut den Grill auf, schüttet Kohle auf den Grill,
  macht Feuer und legt die Würstchen darauf.
– Die Tante ist genervt, als das Handy klingelt. Sie schüttelt den Kopf. …
– …

d) Schreibt eure Überlegungen als Spielszene auf.

Erzähler: Wie jedes Jahr im Sommer …
Die Tante baut den Grill auf, schüttet Kohle auf den Grill, macht Feuer
und legt die Würstchen darauf.
Erzähler: Klingeling! Klingeling!
Tante Petra (schaut genervt, seufzt): Das kann ja wohl nicht wahr sein. …
…

2 Spielt die Szene eurer Klasse vor.

3 Den Höhepunkt erkennen

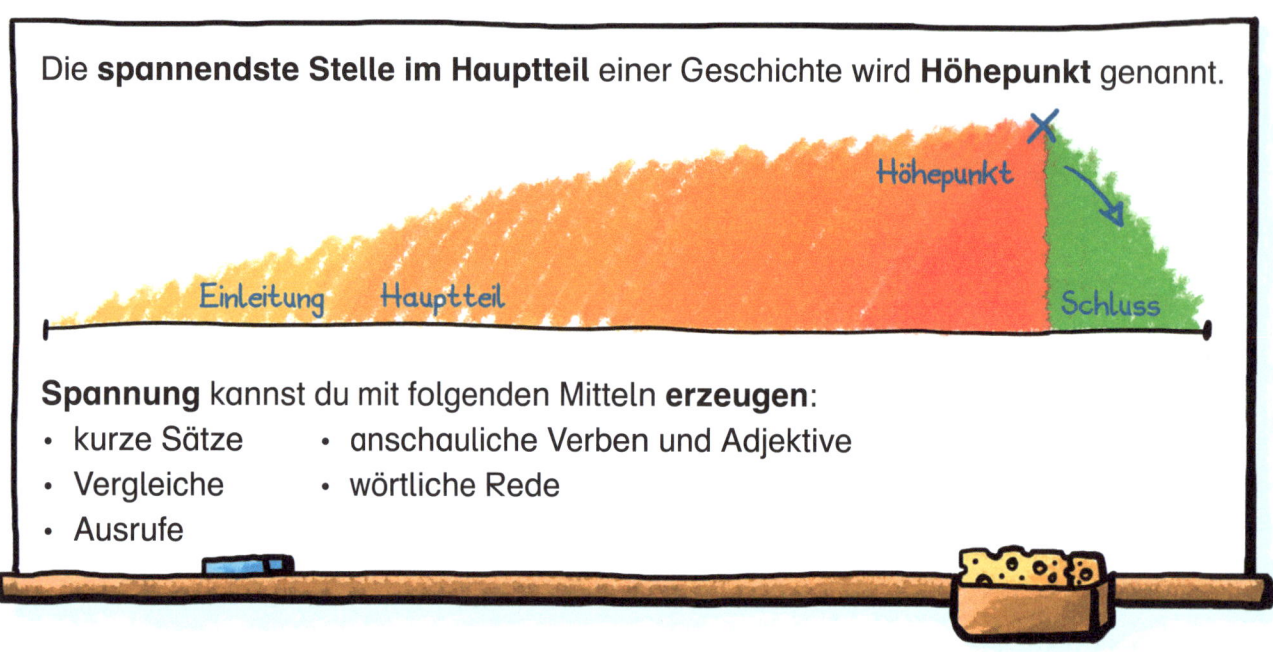

Die **spannendste Stelle im Hauptteil** einer Geschichte wird **Höhepunkt** genannt.

Höhepunkt

Einleitung   Hauptteil

Schluss

Spannung kannst du mit folgenden Mitteln **erzeugen**:

- kurze Sätze
- Vergleiche
- Ausrufe
- anschauliche Verben und Adjektive
- wörtliche Rede

1 Markiere in beiden Geschichten den Anfang des Höhepunkts.
Notiere jeweils die Zeilennummern.

Text 1: Zeile _____

Text 2: Zeile _____

1 … Nun waren wir mit dem Segelboot
richtig weit draußen auf dem Meer.
Wir bemerkten bislang nicht, dass der Wind
immer stärker wurde. Plötzlich kam eine
5 heftige Windböe und eine hohe Welle
schwappte über das Boot. Sie erfasste Peter
und riss ihn mit sich ins Meer. Ich schrie:
„Ich sehe Peter nicht!" Marlene fing an
zu weinen und glaubte, ihren Bruder
10 für immer verloren zu haben. Auf einmal
hörten wir einen lauten Hilferuf. Peter war
hinter uns aufgetaucht und klammerte sich
am Bootsrand fest wie ein Krake …

2 … ich lief durch den stock-
dunklen Flur, da ich dringend
auf die Toilette musste.
Mit einem Mal hüpfte eine weiße
5 Gestalt hinter dem Schrank
hervor. Ich hörte ein lautes
Klirren. Ich erschrak zu Tode
und schrie, so laut ich konnte:
„Hilfe!" Mein Herz klopfte
10 so laut wie ein Hammer.
Da ging das Licht an …

2 Schreibe zu beiden Geschichten auf,
welche Wörter den Höhepunkt ankündigen.

3 Lebendig erzählen

Eine Geschichte wird lebendiger und anschaulicher durch **treffende Adjektive**, **Satzumstellungen** und **Beschreibung von Gefühlen**.

1 Lies die Sätze und ergänze sie mit treffenden Adjektiven. Unterstreiche die eingesetzten Adjektive.

Am Sonntag machten wir einen Ausflug zum Streichelzoo.

Am Sonntag machten wir einen tollen Ausflug zum neuen Streichelzoo.

Dort sahen wir Ziegen, Schafe und einen Esel.

Wir gaben ihnen Äpfel und Brot zu fressen.

Als Männer mit einem Hund vorbeiliefen, rannten die Tiere weg.

Ein Hängebauchschwein kam angerannt und freute sich über das Futter.

2 Stelle die Satzglieder um, damit nicht jeder Satz mit dem gleichen Wort beginnt.

Sie nahm dem Gegenspieler geschickt den Ball ab.
Sie rannte schnell mit dem Ball Richtung Tor.
Sie setzte gerade zum Schuss an.
Sie traf leider nicht das Tor.
Sie schoss den Ball unglücklicherweise ins Publikum.
Sie ärgerte sich fürchterlich über ihre verpasste Chance.

Heft 3, S. 23 ②
Geschickt nahm sie dem Gegenspieler den Ball ab.

3 Gefühle zuordnen

1 Markiere Ausdrücke für Angst und Freude mit zwei verschiedenen Farben. Wenn Ausdrücke für beide Gefühle stehen, kannst du sie mit beiden Farben markieren.

einen Kloß im Hals haben

grinsen wie ein Honigkuchenpferd

Das Herz rutscht in die Hose.

Schmetterlinge im Bauch fühlen

Die Stimme versagt.

himmelhoch jauchzend

Zweimal passt beides.

Herzklopfen haben

feuchte Hände haben

schaudern

eine Gänsehaut bekommen

fröhlich quietschen

Hände und Knie zittern.

2 Notiere weitere Ausdrücke für Gefühle.

3 Schreibe mit Hilfe des Leitfadens von Seite 19 eine Geschichte über ein freudiges oder angsterregendes Erlebnis.
Nutze die Wörter auf dieser Seite, um deine Gefühle zu beschreiben.

Heft 3, S. 24 ③

3 Eine Erlebnisgeschichte schreiben

1 Wähle eines der angebotenen Themen und kreuze es an.

Mein lustigster Streich ◯

Mein bester Freund und ich ◯

Mein schönstes Ferienerlebnis ◯

Meine Idee:

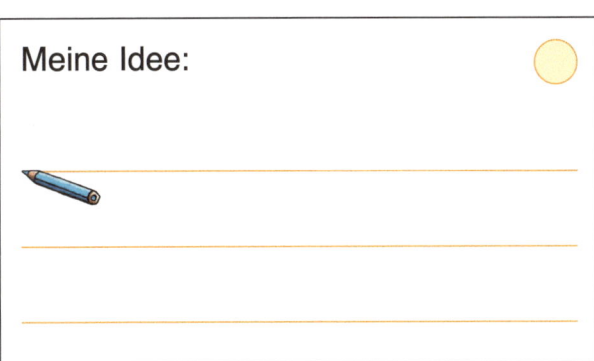

2 Schreibe mit Hilfe des Leitfadens von Seite 19 eine Erlebnisgeschichte zum ausgewählten Thema. Beginne hier und schreibe auf Seite 26 weiter.

3. Eine Erlebnisgeschichte schreiben

Fortsetzung von Seite 25

_____

_____

_____

_____

_____

_____

_____

_____

_____

_____

③ Suche dir für eine Schreibkonferenz mindestens zwei Kinder, mit denen du deine Geschichte überarbeitest.

Ich habe noch eine Frage zu …

Ich achte auf Einleitung, Hauptteil und Schluss.

Ich achte auf die Satzanfänge!

Verständnisexpertin

Aufbauexpertin

Ausdrucksexperte

④ Sammelt eure Geschichten in einem Klassen-Geschichtenbuch. Du kannst deine Geschichte am Computer abtippen, gestalten und ausdrucken.

Unsere Erlebnisse

3 Über das eigene Lernen nachdenken

Ergänze deine Lernraupe.

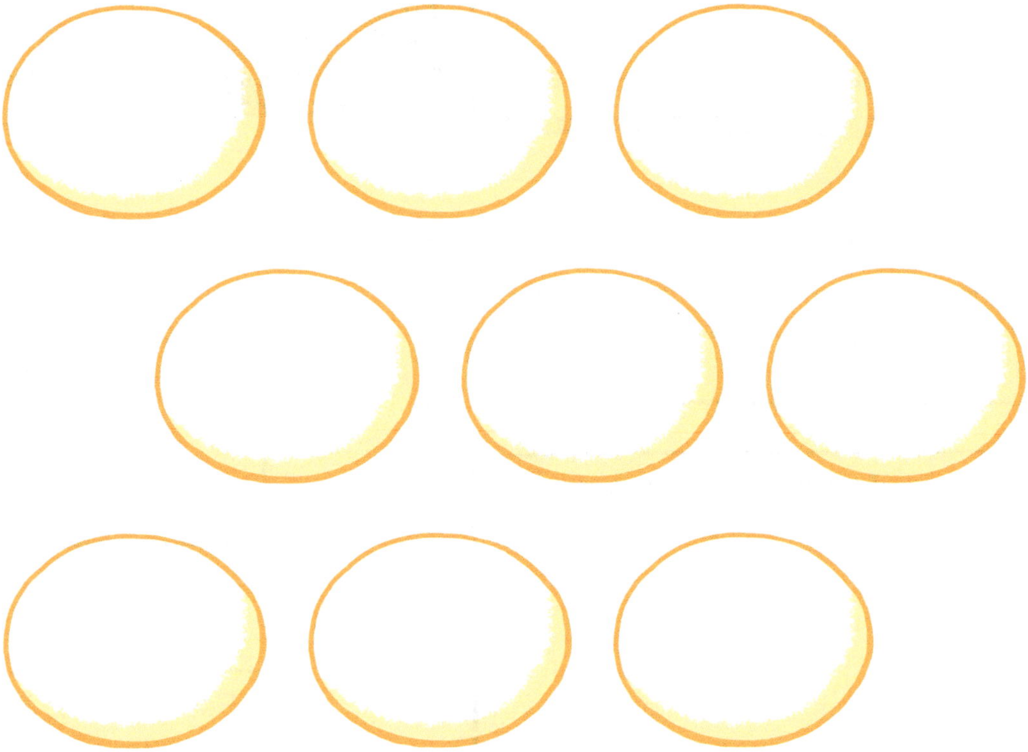

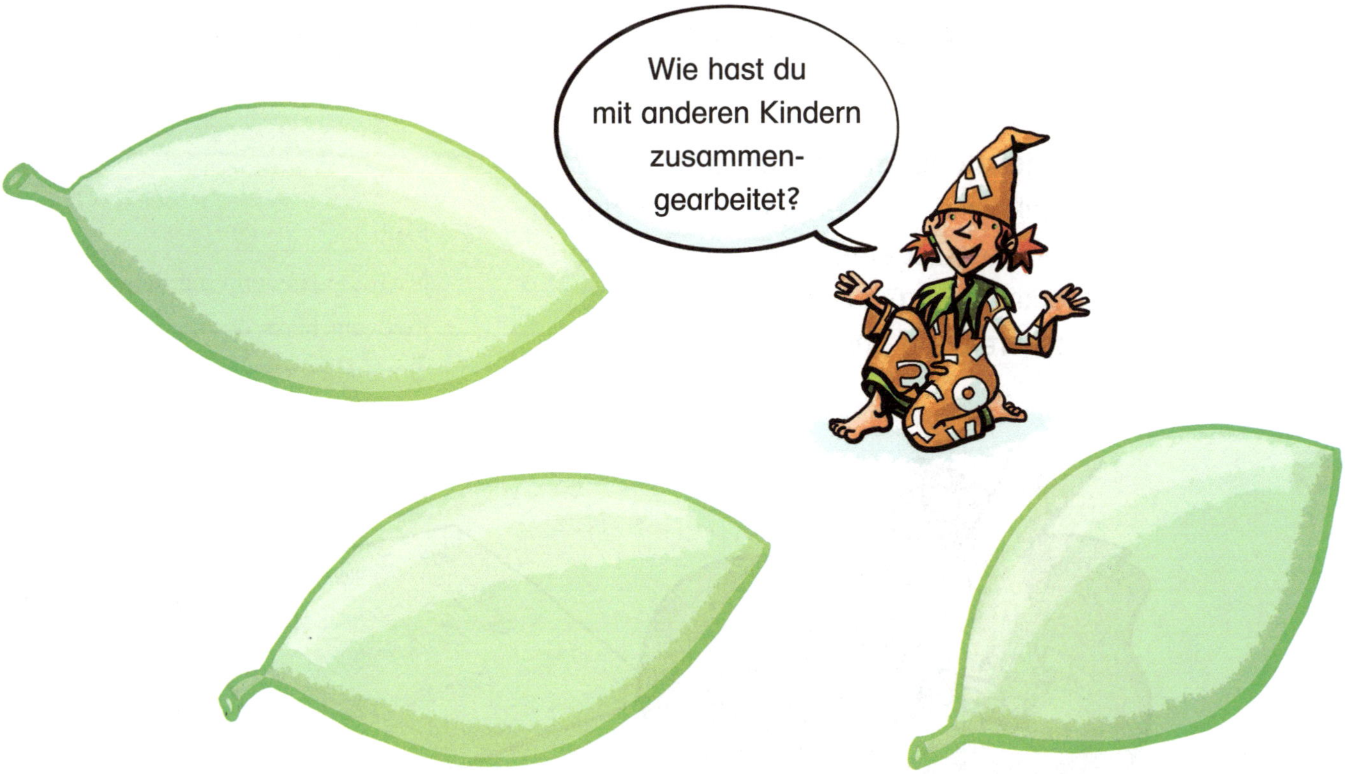
Wie hast du mit anderen Kindern zusammen-gearbeitet?

4 Einen Gegenstand beschreiben

Einen Gegenstand beschreibe ich
in der Gegenwart (Präsens).
Ich schreibe sachlich und genau
ohne Gefühle und wörtliche Rede.

> Verwende treffende Wörter und anschauliche Adjektive.

1 Lies den Leitfaden für die Beschreibung eines Gegenstandes.

Gegenstand **genau bezeichnen**:
Sporttasche, Füller …

Einzelteile oder Zweck **genau benennen**:
Umhängegurt,
Extrafach für Schuhe,
silberne Kappe …

Gegenstand **genau beschreiben**:
Form:	rund, eckig, spitz …
Größe:	groß wie ein Tennisball, winzig …
Farbe:	rot gestreift, hellgrün …
Material:	Kunststoff, Leder, Plastik, Holz, Draht …
Besonderheit:	Aufkleber an der Seite, Kratzer auf der Kappe, Namensschild …

Beschreibung **überprüfen**:
* Zeitform: Gegenwart
* treffende Wörter
* ausreichend anschauliche Adjektive

STOPP

2 Wähle einen Gegenstand im Klassenraum.
Beschreibe ihn mit Hilfe des Leitfadens ganz genau,
ohne den Namen des Gegenstandes zu nennen.
Lass ein Partnerkind den Gegenstand
nach deiner Beschreibung finden.

Heft 3, S. 28 ②
Mein Gegenstand hat einen
Reißverschluss und zwei
Tragegriffe. Er ist eckig. …

 3

Mein Gegenstand ist eckig, lang, dünn und spitz. Er besteht aus Holz. Oben ist er ein bisschen kaputt.

4 Treffende Wörter finden

Ich verwende bei einer **Gegenstandsbeschreibung**
- **genaue Bezeichnungen**, z. B. Fachwörter,
- **anschauliche Adjektive** zur genauen Beschreibung,
- **treffende Verben** zur genauen Beschreibung der Funktion.

So kann sich jemand ein ganz genaues Bild von dem Gegenstand machen.

1 Finde genauere Bezeichnungen für diese Nomen.
Schreibe mindestens drei weitere Begriffe auf.

| Trinkgefäß | Schreibwerkzeug | Schuh |

Trinkgefäß: Becher, Tasse,

2 Ergänze weitere anschauliche Adjektive.

| alt | gelb | groß | gemustert |

uralt   sonnengelb   gigantisch   kariert

3 Beschreibe deinen linken Schuh. Verwende treffende Wörter.

4 Gegenstände unterscheiden

1 Streiche die Begriffe durch, die nicht zur Beschreibung eines Fahrrads passen.

| Rahmen | Lenker | Pedal | Lenkrad | Bremse | Kofferraum |

| Kette | Reflektoren | Gangschaltung | Speichen | Kupplung |

| Schutzblech | Kettenschutz | Blinker | Rücklicht | Dynamo | Klingel |

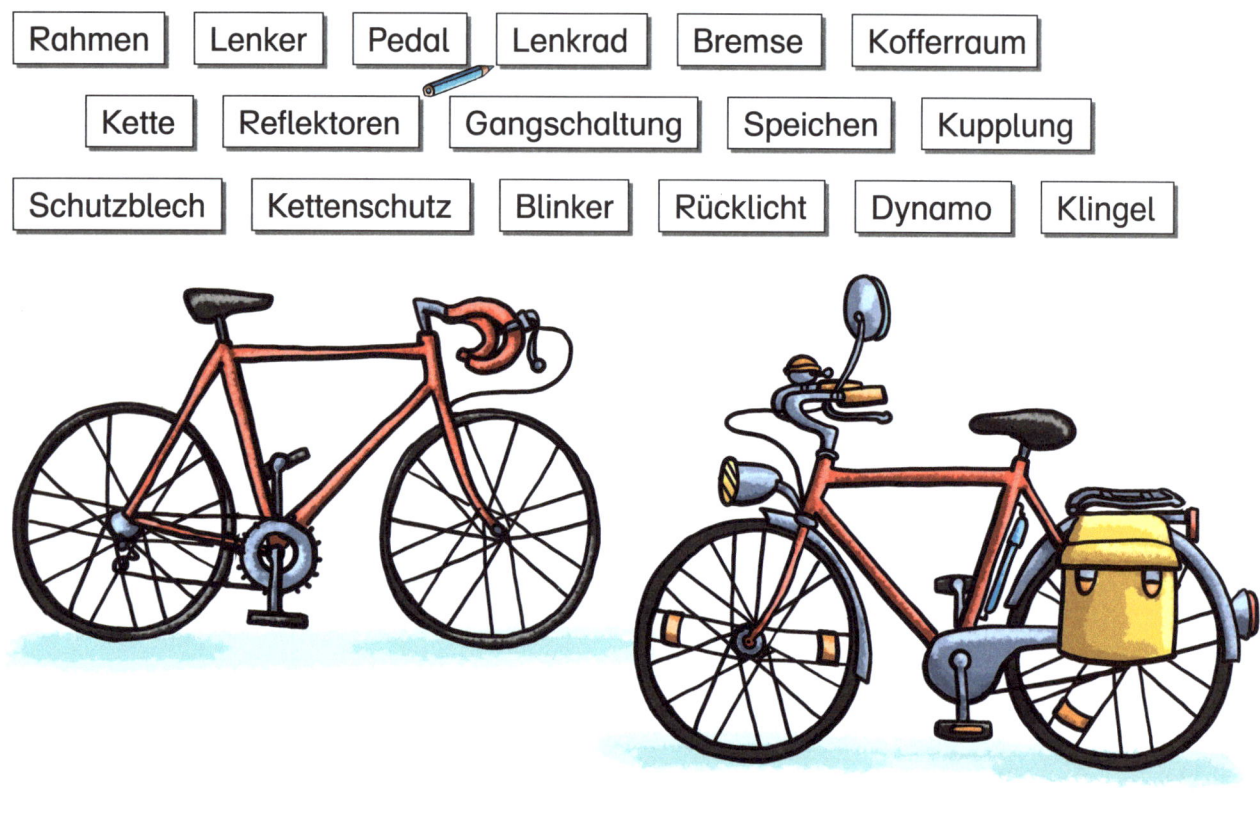

2 Schreibe auf, welche Gemeinsamkeiten die beiden Fahrräder haben.

3 Schreibe auf, worin sich die Fahrräder unterscheiden.

In einer **Suchanzeige** stehen neben der genauen Beschreibung
des gesuchten Gegenstandes auch diese Informationen:

Wer hat den Gegenstand verloren?   Felix

Wo ging der Gegenstand verloren?   im Schulhaus

Wann ging der Gegenstand verloren?   letzten Donnerstag

Bei wem/Wo kann der gefundene
Gegenstand abgegeben werden?   in der Klasse 4 b

1 Lies die Suchanzeige und male den Gegenstand.

Rote Sporttasche vermisst!

Letzten Donnerstag habe ich meine Sporttasche im Schulhaus verloren.
Diese quaderförmige Tasche ist aus einem roten Stoff genäht. Ein Segelboot
ziert die Vorderseite. Über dem Aufdruck befindet sich an der oberen Seite
ein grüner Reißverschluss. Auf dem weißen Trageband steht in großen,
schwarzen Druckbuchstaben mein Name: FELIX. In meiner Sporttasche sind
schwarz-gelbe Turnschuhe, eine kurze, blaue Hose und ein weißes T-Shirt.
Falls du die Tasche findest, gib sie bitte in der Klasse 4 b ab.
Du wirst auch mit einer Packung Gummibärchen belohnt!
Vielen Dank! Felix

> Unterstreiche wichtige
> Infos zum Aussehen der
> Tasche im Text.

4. Eine Anzeige schreiben

1 Du hast deinen Füller verloren. Schreibe eine Suchanzeige.
Nutze den Leitfaden von Seite 28 und diese Fragen.

> Wann verloren? · Wo? · Marke? · Form? · Besonderheiten?
> Was? · Wer? · Farbe? · Material? · Größe? · Wo abgeben?

Füller verloren!

_____

_____

_____

_____

_____

_____

_____

_____

_____

_____

_____

_____

_____

_____

_____

4 Eigene Texte kontrollieren und veröffentlichen

> Texte, die veröffentlicht werden, müssen
> **übersichtlich**, **verständlich** und **fehlerfrei** sein.

1 Überprüfe deine Suchanzeige von Seite 32 auf Rechtschreibfehler.

– Lies deinen Text sorgfältig durch und verbessere Fehler, die du sofort erkennst.
– Markiere mit Bleistift Wörter, bei denen du unsicher bist.
– Schlage diese Wörter im Wörterbuch nach.

2 Tippe deinen Text wenn möglich am Computer ab.
Überprüfe noch einmal die Rechtschreibung.

Rechtschreibfehler werden dir am Computer meist angezeigt.

3 Gestalte nun deinen Text und bereite ihn zur Veröffentlichung vor.

– Unterstreiche die Überschrift oder markiere sie fett.
– Füge nach einem Textabschnitt einen Absatz ein.
– Male ein passendes Bild oder füge ein Bild ein.

4 Suchanzeigen miteinander vergleichen

1 Lies die beiden Suchanzeigen
von Oliver und Gina.

a) Zeichne die gesuchten Gegenstände in dein Heft.

b) Schreibe auf, was dir auffällt.

Heft 3, S. 34 ①
a) ...
b) ...

Mäppchen gesucht! $\boxed{1}$

Seit dem Unterricht am Freitag in der
Schule fehlt mein Mäppchen. Mein
Mäppchen ist blau und viereckig. Außen
sind Nilpferde drauf. Am Reißverschluss
hängt ein kleiner Fußball. An den Ecken
ist es ein bisschen kaputt. Ich besitze
einen Lamy-Füller und bunte Filz- und
Holzfarbstifte. Es befinden sich weder
Radierer noch Spitzer darin. Mein Geo-
dreieck und ein Foto von Gina befinden
sich in der äußeren Plastikhülle.

Wer es findet, soll sich bei mir melden:
Oliver Blau, Klasse 4 c

Mäppchen gesucht! $\boxed{2}$

Mein schönes Mäppchen fehlte.
Meine Oma hatte es mir zu meinem
10. Geburtstag geschenkt. Sie sagte:
„Pass gut darauf auf!" Mein Mäppchen lag eigentlich immer in meinem
Schulranzen oder auf einem Tisch,
wenn ich schrieb. Es war rot und
hatte einen Reißverschluss. Den
Spitzer habe ich schon vor längerer
Zeit verloren. Das war ja auch so
ärgerlich! Am Wochenende wollte ich
meinen Stundenplan hineinlegen.

Bitte findet es. Gina

---

2 Überprüfe mit Hilfe des Leitfadens von Seite 28,
was Gina bei ihrer Suchanzeige nicht beachtet hat.
Gib ihr mindestens vier Tipps, was sie verbessern kann.

Es fehlt die Angabe, wo

4 Ein Federmäppchen beschreiben

1 Beschreibe das abgebildete Federmäppchen.
Du kannst Olivers Beschreibung von Seite 34
als Hilfe nutzen.

4 Über das eigene Lernen nachdenken

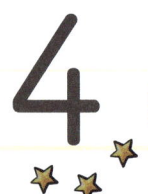

Ergänze deine Lernraupe.

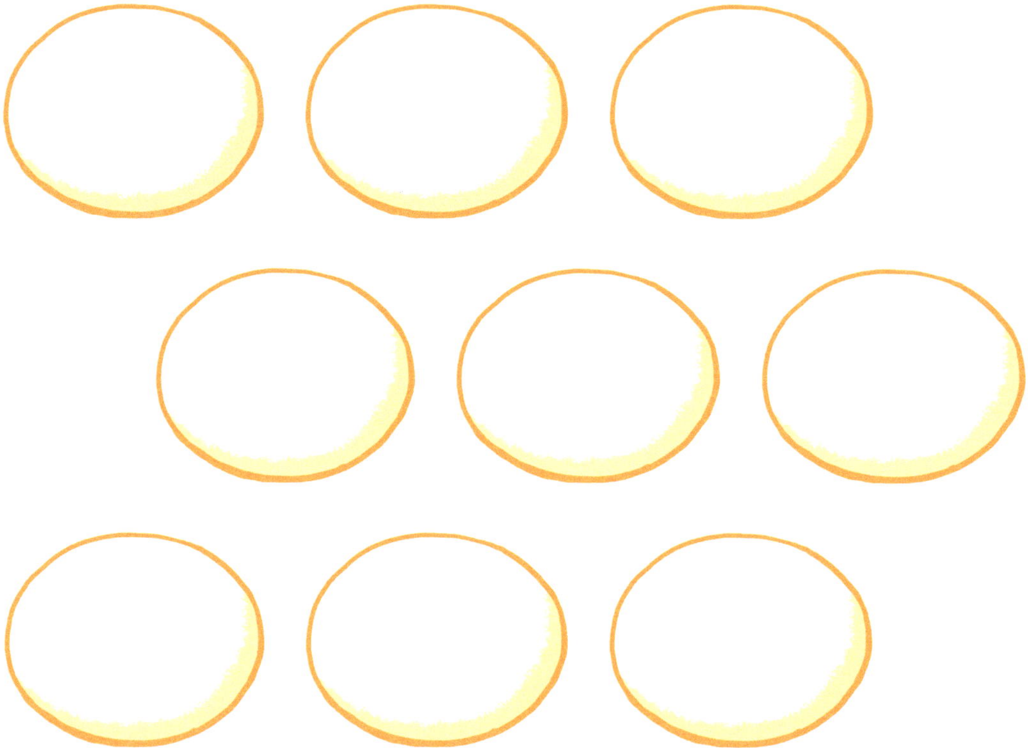

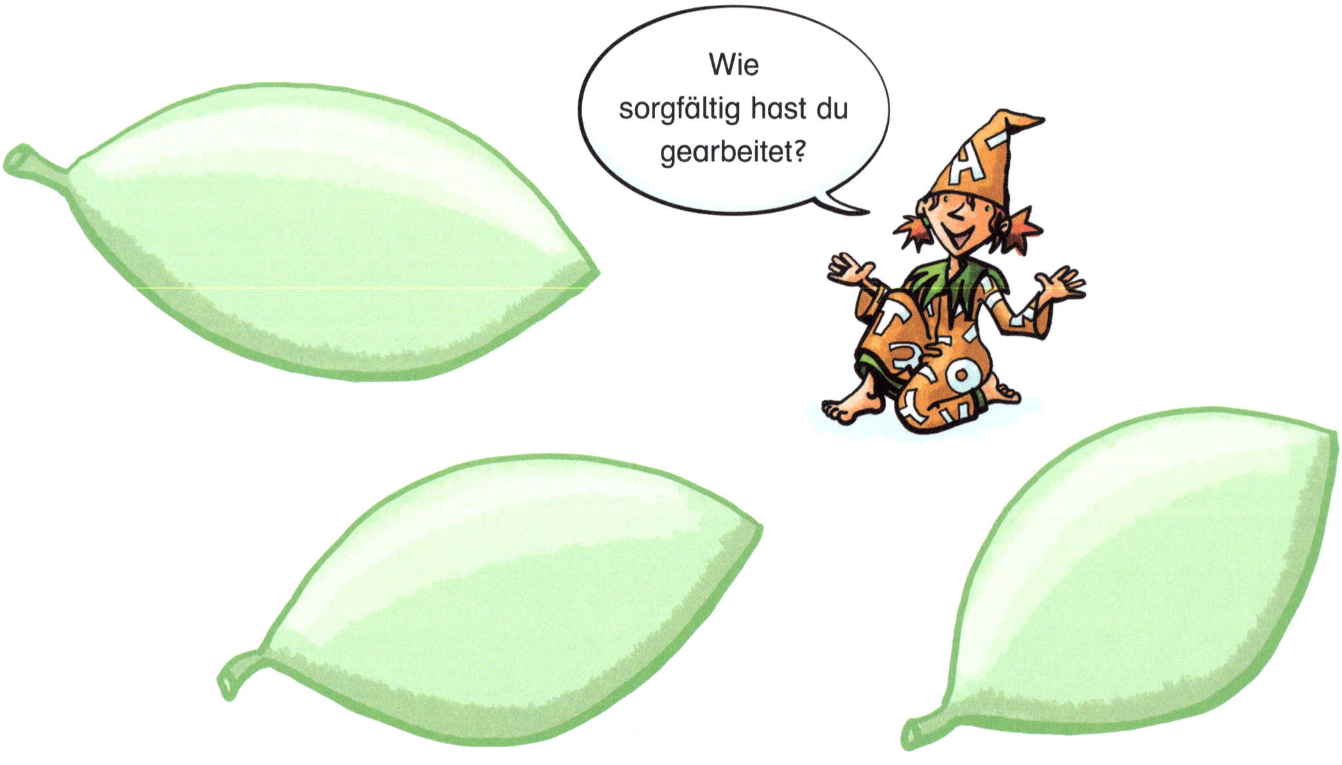
Wie sorgfältig hast du gearbeitet?

Eine **Zusammenfassung**
schreibe ich mit eigenen Worten
in der Gegenwart (Präsens).
Ich achte auf die zeitliche Reihenfolge.

Schreibe sachlich,
ohne Gefühle und
wörtliche Rede.

1 Lies den Leitfaden für eine Textzusammenfassung.

Text **genau lesen**:
- mindestens zwei Mal
- unbekannte Wörter nachschlagen

Stichwörter aufschreiben:
- zwei bis drei pro Abschnitt

Einen **einleitenden Satz** schreiben:
- Art des Textes, Titel und Autor nennen
- Thema des Textes in einem Satz zusammenfassen
  Die Fabel „Der Löwe und die Maus"
  von Aesop erzählt …

In einem **Hauptteil** das Wichtigste in eigenen Worten schreiben:
- den Ort nennen
- Personen nennen
- deine Stichwörter in kurze Sätze umwandeln

Zusammenfassung **überprüfen**:
- Zeitform: Gegenwart
- zeitliche Reihenfolge
- sachlich, ohne wörtliche Rede
- eigene Worte

2 Lies den Text auf Seite 38. Kläre unbekannte Wörter.

3 Schreibe zu jedem Abschnitt zwei bis drei Stichwörter auf.
Verbinde sie mit einem roten Faden.

Heft 3, S. 37 ③

4 Erzähle den Inhalt des Textes mit Hilfe deiner
Stichwörter einem anderen Kind.

5. Die Zeitform einer Zusammenfassung beachten

Das ist eine Fabel.
Eine Fabel ist eine kurze Geschichte,
in der Tiere wie Menschen handeln. Die Leser
können sich in der Fabel wiedererkennen
und daraus etwas lernen.

Der Löwe und die Maus

Ein Löwe ==schlief.== Eine Maus kam herbei und dachte:
„Das ist ein Berg!", und huschte auf dem Löwen herum.
Der Löwe spürte ein Kitzeln. Er wachte auf. Blitzschnell packte er die Maus,
hielt sie in seiner Pranke fest und sagte: „Jetzt will ich dich fressen."
5 „Warum?", piepte die Maus. „Ich bin so klein, dass du von mir nicht satt wirst.
Aber wenn du mich nicht frisst, dann kann ich dir vielleicht eines Tages helfen!"
Der Löwe musste lachen: „Du – mir helfen!"
Aber der Löwe ließ die Maus laufen und vergaß sie.

Bald fingen Jäger den Löwen und fesselten ihn mit dicken Stricken an einen Baum.
10 Dann liefen sie weg, um einen Käfig zu holen. Der Löwe brüllte auf und
spannte seine Muskeln, aber er konnte die Stricke nicht zerreißen.
Müde warf sich der Löwe auf den Boden und gab alle Hoffnung auf.

Plötzlich spürte er, wie ihn etwas kitzelte. Mit einem Satz sprang die Maus
vor seine Nase: „Was für schöne Stricke zum Zernagen! Gut, dass ich noch lebe
15 und dir helfen kann, mein Freund!" Sofort begann die Maus zu nagen.
Sie nagte und nagte mit ihren scharfen Zähnen, bis die Stricke rissen.
Der Löwe dankte der Maus und sagte: „Das war ein Glückstag,
als ich dich nicht fraß! Komm mit!"

Aesop

1 Markiere in der Fabel mindestens zehn Verben in der 1. Vergangenheit (Präteritum).
Schreibe sie in der Gegenwartsform (Präsens) auf.

er schläft.

2 Lies einem Partnerkind die Fabel in der Gegenwartsform (im Präsens) vor.

5  Eine Fabel szenisch spielen

1 Suche drei andere Kinder,
mit denen du die Fabel von Seite 38 spielen willst.

a) Schreibt die Figuren aus der Fabel jeweils auf ein Kärtchen
und verteilt die Rollen.

b) Der Erzähler übt seine Textstellen.

c) Jeder schreibt für seine Figur passende Verben aus dem Text auf
und überlegt, wie er sie darstellen kann.

d) Spielt die Verben vor. Die anderen Kinder müssen sie jeweils erraten.

2 Spielt die Fabel mehrmals nach.
Wenn ihr euch sicher fühlt,
könnt ihr die Fabel der Klasse
vorspielen.

... eine
fabelhafte
Vorführung!

5. Eine Fabel zusammenfassen

1 Schreibe mit Hilfe des Leitfadens von Seite 37
eine Zusammenfassung der Fabel **Der Löwe und die Maus.**

Die Fabel „Der Löwe und die Maus" von Aesop
erzählt.

5 Ein Märchen zusammenfassen

1 Fasse das Märchen zusammen.

a) Lies das Märchen. Kläre unbekannte Wörter.

Der süße Brei

Es war einmal ein armes, braves Mädchen, das lebte mit seiner Mutter allein, und sie hatten nichts mehr zu essen. Da ging das Kind hinaus in den Wald, und begegnete ihm da eine alte Frau, die wusste seinen Jammer schon und schenkte ihm ein Töpfchen, zu dem sollte es sagen: „Töpfchen, koche", so kochte es guten, süßen Hirsebrei, und wenn es sagte: „Töpfchen, steh", so hörte es wieder auf zu kochen.

Das Mädchen brachte den Topf seiner Mutter heim, und nun waren sie ihrer Armut und ihres Hungers ledig und aßen süßen Brei, sooft sie wollten. Auf eine Zeit war das Mädchen ausgegangen, da sprach die Mutter: „Töpfchen, koche", da kochte es, und sie aß sich satt; nun wollte sie, dass das Töpfchen wieder aufhören solle, aber sie wusste das Wort nicht. Also kochte es fort, und der Brei stieg über den Rand hinaus und kochte immerzu, die Küche und das ganze Haus voll und das zweite Haus und dann die Straße, als wollt's die ganze Welt satt machen, und war die größte Not, und kein Mensch wusste sich da zu helfen.

Endlich, wie nur noch ein einziges Haus übrig war, da kam das Kind heim und sprach nur: „Töpfchen, steh", da stand es und hörte auf zu kochen, und wer wieder in die Stadt wollte, der musste sich durchessen.

Brüder Grimm

b) Markiere in jedem Abschnitt einige wichtige Stellen.

c) Schreibe einen einleitenden Satz. Nenne die Art des Textes, den Titel und die Autoren.

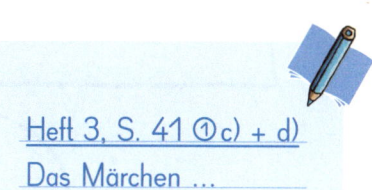

Heft 3, S. 41 ①c) + d)
Das Märchen ...

d) Schreibe eine Zusammenfassung. Achte dabei besonders auf die Stellen, die du markiert hast. Nutze den Leitfaden von Seite 37.

e) Überprüfe deine Zusammenfassung.

5 Eine Zusammenfassung überprüfen

 1 Suche dir ein Partnerkind. Überprüft Joschis Zusammenfassung als **Aufbauexperte** und als **Ausdrucksexperte**.
Markiert Stellen, die euch auffallen, passend blau und gelb.

Gibt es einen einleitenden Satz? Stimmt die zeitliche Reihenfolge?

Stehen die Verben in der Gegenwart? Ist die Zusammenfassung sachlich, ohne wörtliche Rede? Ist die Zusammenfassung mit eigenen Worten geschrieben?

Zusammenfassung von Joschi:

„Der süße Brei" ist ein Märchen der Brüder Grimm. Die Geschichte handelt von einem verzauberten Topf, der auf Kommando Brei kochen kann.
Ein armes Kind bettelte für sich und seine Mutter um Essen. Eine alte Frau sagt: „Ich schenke dir einen Zaubertopf, der auf das Kommando ‚Töpfchen, koch' süßen Hirsebrei zubereitet und bei den Worten ‚Töpfchen, steh' wieder damit aufhört."
Von da an mussten sie nie wieder hungern.
Als das Mädchen ausging, befahl die Mutter dem Topf Brei zu kochen. Den zweiten Spruch wusste sie nicht mehr und er hörte also nicht wieder damit auf. Die ganze Stadt war bereits unter Brei begraben, als das Kind nach Hause kam.
Alle Kinder der Stadt fanden das lustig.

Stimmt der letzte Satz eigentlich?

 2 Schreibt auf, was Joschi gut gemacht hat
und was er noch überarbeiten sollte.

Das hat Joschi gut gemacht:

– Joschi hat

Das sollte Joschi noch überarbeiten:

5 Über das eigene Lernen nachdenken

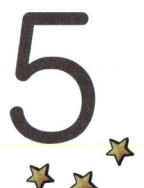

Ergänze deine Lernraupe.

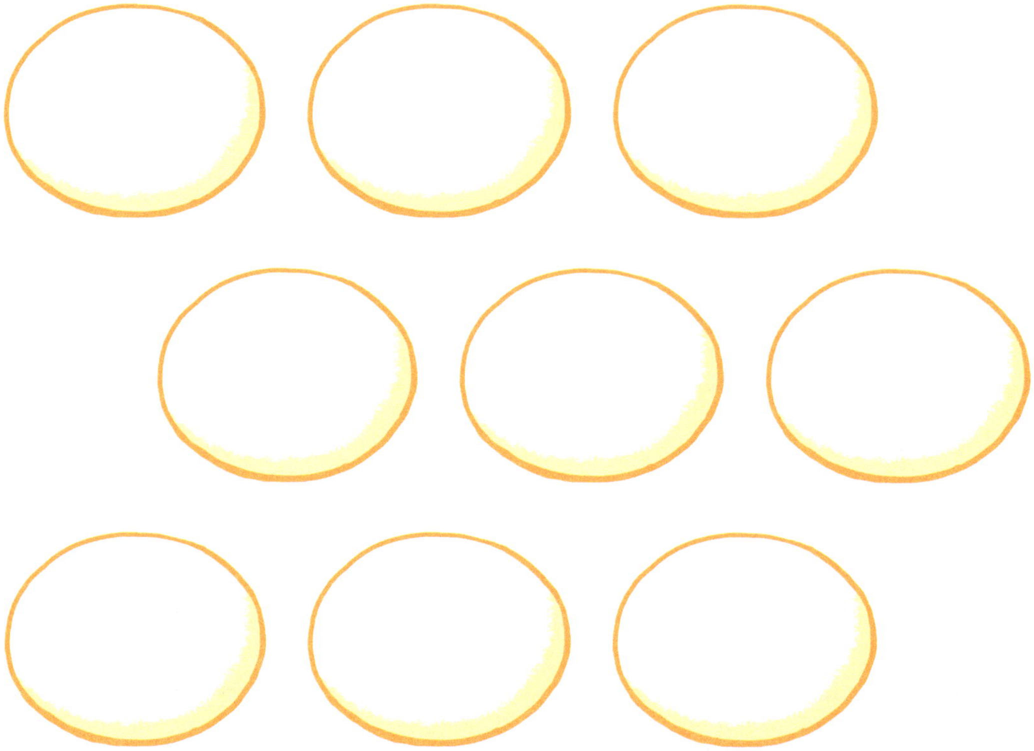

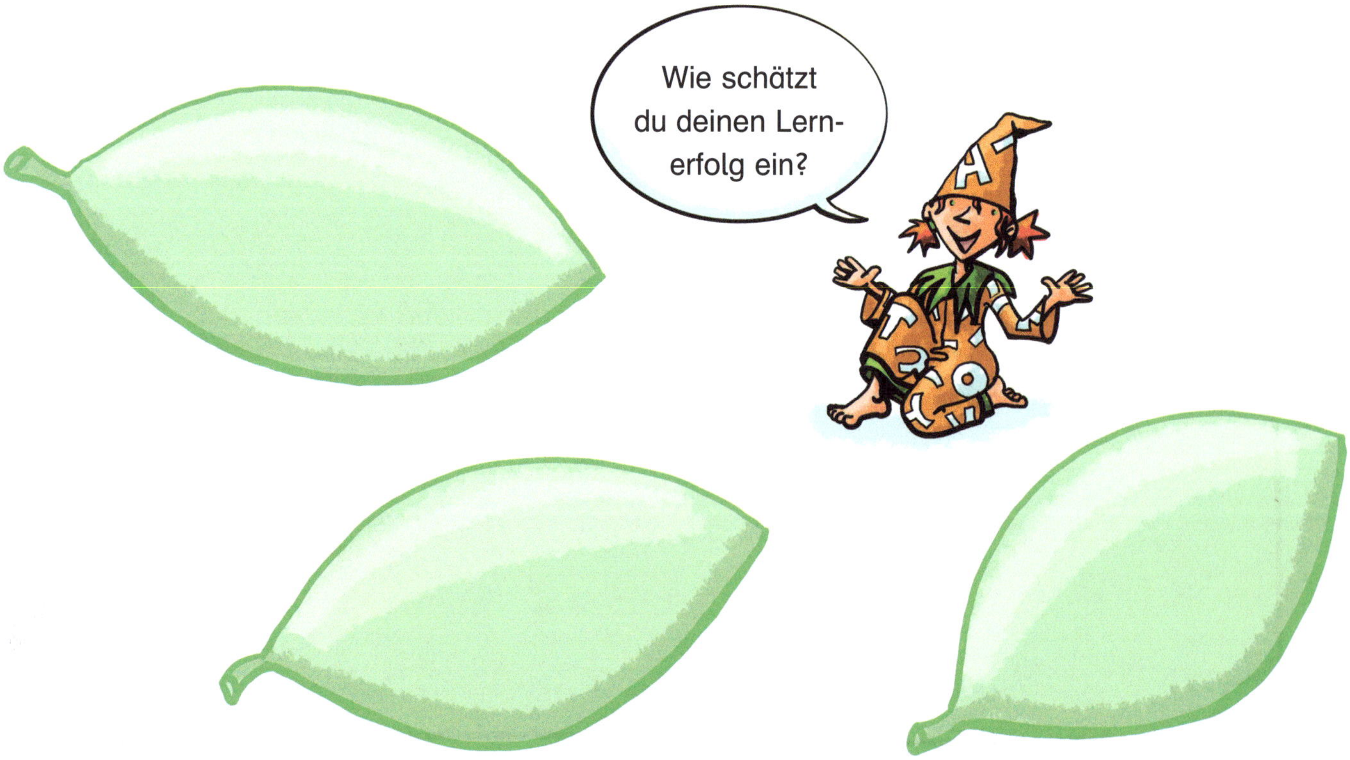
Wie schätzt du deinen Lern-erfolg ein?

6 Eine Fantasiegeschichte schreiben

Eine **Fantasiegeschichte** schreibe ich in der 1. Vergangenheit (Präteritum). Ich erzähle aus der Sicht einer Person.

> Schreibe ausführlich und fantasievoll.

1 Lies den Leitfaden für das Schreiben einer Fantasiegeschichte.

Eine **Schreibidee** bekommen durch Zeitungsüberschriften, Bilder, Fotos, Textanfänge …

Im **Hauptteil** ausführlich schreiben, was passiert:
- wörtliche Rede nutzen
- abwechslungsreiche Satzanfänge verwenden
- Gefühle schildern
- einen **Höhepunkt** schreiben

Eine passende **Überschrift** finden:
Meine Reise zum Mars

Eine **Einleitung** schreiben, die folgende W-Fragen kurz beantwortet:
Wer spielt mit?
sprechende Tiere, fliegende Fahrräder …
Wann spielt die Geschichte?
zur Niemandszeit, vor 1000 Jahren, im Jahr 2217 …
Wo spielt die Geschichte?
auf dem Mars, in einem Mauseloch …

Im **Schluss** knapp schreiben, **wie** die Geschichte endet:
Nächstes Jahr werde ich wieder …

Die Geschichte **überprüfen**:
- Zeitform: 1. Vergangenheit
- Aufbau: Überschrift, Einleitung, Hauptteil mit Höhepunkt, Schluss

STOPP

2 Schreibe eine Einleitung für eine Fantasiegeschichte mit der Überschrift Die verzauberte Milch.
Verwende die folgenden Angaben:

Wer? ein mürrischer Bauer, aufgeregte Kühe und eine freche Maus

Wann? abends nach dem Melken

Wo? auf einem großen Bauernhof mit Kuhstall, Scheune und Heuboden

Heft 3, S. 45 ②
…

6. Den Hauptteil aus einer Sichtweise schreiben

> Eine Geschichte kann, je nachdem, von wem sie erzählt wird, ganz unterschiedlich geschildert werden (= **Sichtweisen** der Beteiligten):
> der mürrische Bauer …, die aufgeregten Kühe …, die freche Maus …

1 Ordne die drei Sichtweisen richtig zu.
Verbinde, was zusammenpasst.

| freche Maus | mürrischer Bauer | aufgeregte Kühe |

Heute war mal wieder ein furchtbarer Tag. Meine Kühe regten mich so auf. Diese zappeligen Biester. Ich schrie sie an: „Wenn ihr weiterhin so wenig Milch gebt, dann soll euch der Blitz treffen!" Und plötzlich …

Heute war ein grässlicher Tag. Beim Melken kitzelte uns diese freche Maus ständig an den Beinen. Wir konnten uns überhaupt nicht auf unsere Milch konzentrieren. Der Bauer …

Heute war ein wunderbarer Tag. Als Erstes ging ich in den Stall zu den doofen Kühen und kitzelte sie ordentlich an den Beinen. Sie stampften deshalb beim Melken furchtbar herum, sodass der Bauer …

2 Schreibe die Fantasiegeschichte
Die verzauberte Milch von Seite 45 weiter.

Heft 3, S. 46 ②
…

a) Lies zunächst deine Einleitung noch einmal.

b) Suche dir eine Sichtweise aus und schreibe einen Hauptteil. Die Anregungen aus **1** können dir helfen.

3 Lies deinen Text einem anderen Kind vor.

6 Einen Schluss schreiben

Beim Schreiben des **Schlusses** beachte ich:

- Die **Spannung lässt nach**.
- Der Schluss **rundet** die Geschichte **ab**, es gibt ein **Ergebnis**, z. B. die Lösung eines Problems, bei der gezeigt wird, was die Person gelernt hat oder jetzt fühlt.

1 Nur sechs der folgenden Sätze sind Schlusssätze. Kreise deren Buchstaben ein. In der richtigen Reihenfolge ergeben sie ein Lösungswort.

| **E** So etwas wird mir nie wieder passieren. | **T** Alles begann an einem regnerischen Morgen. | **BI** Eines schönen Tages, als die Kühe gerade ihr Futter fraßen, ging die Stalltür auf. |

LO Als er heute Morgen aus dem Bett stieg, ahnte der Bauer, dass dieser Tag furchtbar werden würde.

SCH Beruhigt legte er sich ins Bett und schlief ein.

| **A** Eines schönen Morgens ging ich in den Stall. | **I** Dieser Tag würde ihnen noch lange in Erinnerung bleiben. | **G** Ende gut – alles gut. |

| **TE** Endlich waren alle zufrieden. | **CH** Zum Glück war nichts weiter passiert. |

Lösungswort: ☐ ☐ ☐ ☐ ☐ ☐

2 Lies noch einmal die Einleitung und den Hauptteil deiner Bauernhofgeschichte von Seite 46. Schreibe dazu einen passenden Schluss. Achte auf die Regeln im Kasten.

3 Suche dir für eine Schreibkonferenz mindestens zwei Kinder, mit denen du deine Geschichte überarbeitest.

6. Fantasiegeschichten anregen

Ich finde es unheimlich, wenn …

1 Betrachte die Bilder A bis C und lies die Texte.

2 Schreibe zu jedem Bild mindestens drei Sätze. Die Fragen können dir helfen.

A

Stell dir vor, du wärst auf dem Mars gelandet.
Wie sieht es dort aus?
Wer könnte dort leben?
Was ist mit deinem Raumschiff?

B

Stell dir vor, du wärst unsichtbar.
Was tust du?
Was tun Personen, die du triffst?
Was kannst du noch tun?

6

| C |  | Stell dir vor, du wärst in einem Zaubergarten.
Wer ist dort?
Wie sieht es dort aus?
Ist es dort gefährlich? |

_____

_____

_____

_____

_____

3 Zu welchem Bild hast du am liebsten geschrieben? Begründe.

Ich habe am liebsten zu Bild _____

_____

_____

_____

4

Ich habe auch eine tolle Idee.

Ein Flug mit der Zeitmaschine

Als mein Bruder die Schrumpfpille nahm

Der Tag, an dem ich Papa war

Ideen für Fantasie-geschichten

6. Eine Fantasiegeschichte weiterschreiben

1 Lies die beiden Texte und kreuze an, welchen du weiterschreiben möchtest.

○ Wütend knallte Linda die Tür hinter sich zu. Sie durfte schon wieder nicht fernsehen. „So ein Mist!" Genervt ließ sie sich auf ihr Bett fallen. Da kam ihr eine Idee. Linda schlich in das Arbeitszimmer ihrer Eltern und nahm sich das Tablet. Sie schaltete es ein, um darauf zu spielen. Das Tablet gab seltsame Geräusche von sich und blitzte. Plötzlich war Linda eine Spielfigur im Tablet …

○ Die Geschwister Mila und Sascha spielten am Waldrand Fangen. Plötzlich war Sascha verschwunden. Mila rief nach ihm und hörte seine Stimme unter sich. Was war nur passiert? Sie sah neben sich ein großes Loch. Mutig kletterte sie hinein und fiel ins Bodenlose. Kurz darauf fand sie sich neben ihrem Bruder in einer großen Halle. Sie schienen in einem großen unterirdischen Palast zu sein …

6

2 Schreibe die ausgewählte Geschichte mit Hilfe des Leitfadens von Seite 45 fantasievoll weiter.

> Geschichten können traurig, lustig oder spannend weitergehen. Du kannst es bestimmen.

Ergänze deine Lernraupe.

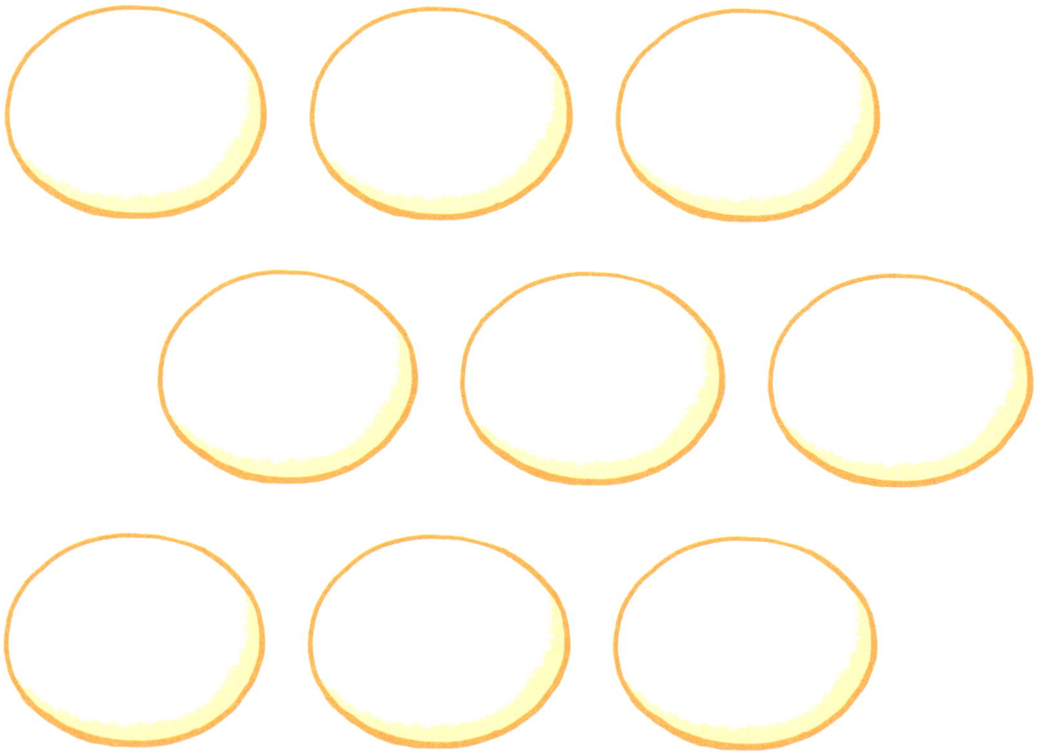

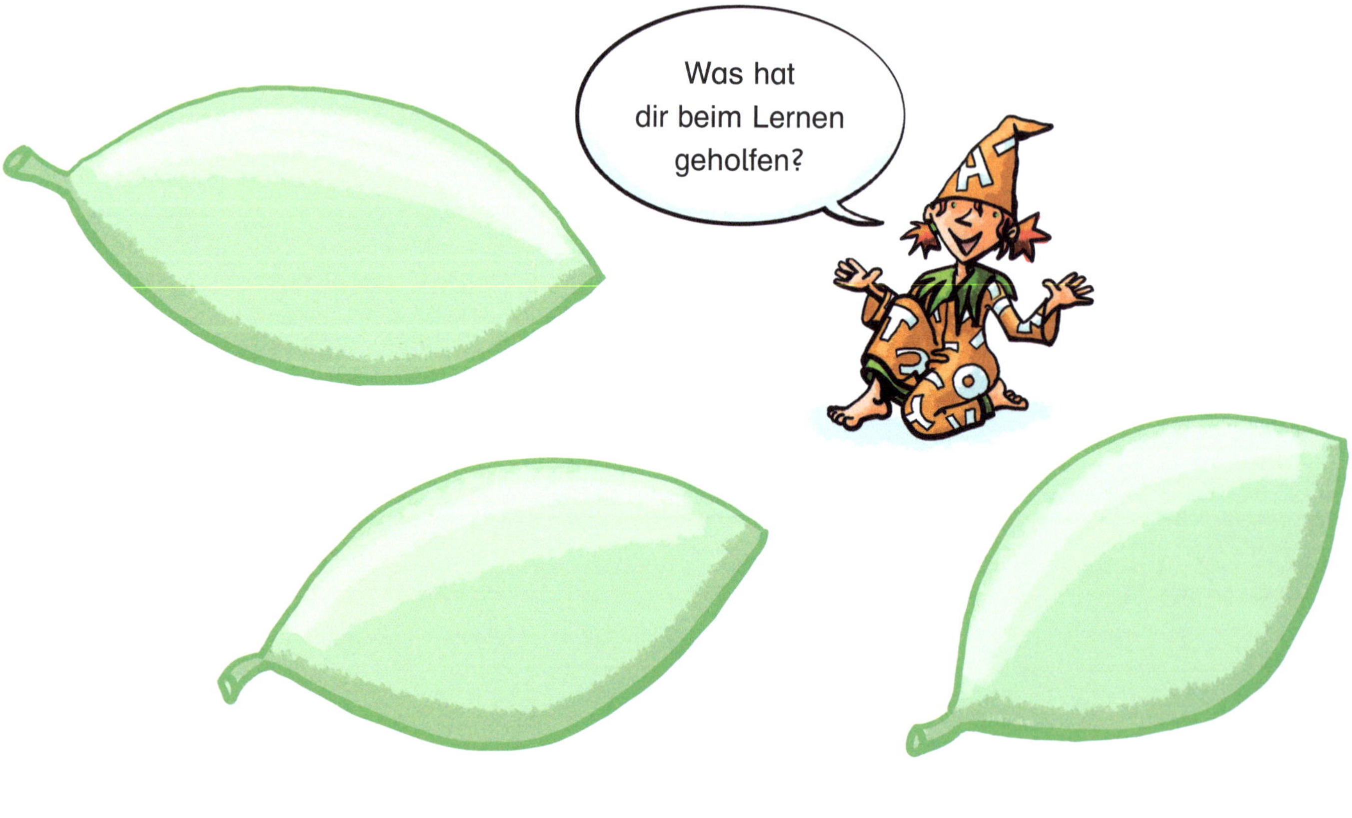

Was hat
dir beim Lernen
geholfen?

7 Den Aufbau einer Spielanleitung kennenlernen

Eine **Spielanleitung** schreibe ich
in der Gegenwart (Präsens).
Ich schreibe sachlich und genau.
Ich denke an eine sinnvolle Reihenfolge.

> Verwende abwechslungsreiche Satzanfänge.

1 Lies den Leitfaden für das Schreiben einer Spielanleitung.

Eine **Mindmap** erstellen:

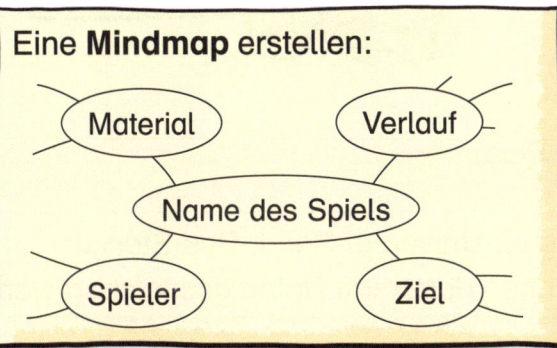

Material — Verlauf
Name des Spiels
Spieler — Ziel

Einleitende **Informationen** geben:
- Name: „Mensch ärgere Dich nicht"
- Ziel: Figuren als Erster
  ins Zielfeld bringen
- Mitspieler: 2–4
- Alter: ab 5 Jahre
- Spielmaterial: Brettspiel

Den **Spielverlauf** beschreiben:
- die Vorbereitung
- den Spielbeginn
- das Spielende
- die Regeln

Eine **Empfehlung** aussprechen
und die Wahl des Spiels begründen:
Ich spiele „Mensch ärgere Dich nicht"
gerne, weil …

Spielanleitung **überprüfen**:
- Zeitform: Gegenwart
- vollständige Angaben
- abwechslungsreiche Satzanfänge

2 Notiere alle einleitenden Informationen zu deinem Lieblingsspiel auf einem Blatt.

3

> Mein Lieblingsspiel ist …

> Das finde ich auch toll, weil …

7 Das Internet als Informationsquelle nutzen

1 Suche im Internet die Spielanleitung deines Lieblingsspiels. Lies die Anleitung und überlege, ob du dein Lieblingsspiel genauso kennst.

Es gibt viele Suchmaschinen, die dir bei der Suche im Internet helfen.

2 Verbinde jeden Begriff mit der passenden Erklärung.

USB-Stick	Abkürzung für **U**niversal-**S**erial-**B**us-Stecker; Darauf können dauerhaft Daten gespeichert werden.
Blog	Seite im Internet, die man aufruft, wenn man die Adresse eines Anbieters anwählt.
Internet	Abkürzung für **W**ireless **L**ocal **A**rea **N**etwork; ein kabelloses lokales Netzwerk, das Daten mittels Funk überträgt.
WLAN	Elektronische Botschaft, die über Computernetze verschickt wird.
Tablet	Ein die ganze Welt umspannendes Netzwerk von Computern, die miteinander kommunizieren können.
Homepage	Tragbarer, flacher Computer in besonders leichter Ausführung mit einem Touchscreen.
E-Mail	Abkürzung für Web Log; elektronisches Tagebuch im Internet.

7 Eine Mindmap zu einem Spiel erstellen

1 Lies die Spielanleitung.

Spielanleitung für „Mensch ärgere Dich nicht"

„Mensch ärgere Dich nicht" ist ein bekanntes, altes Gesellschaftsspiel von Josef Friedrich Schmidt. Es geht darum, alle vier Figuren als Erster ins Zielfeld zu bringen. Das Spiel ist für zwei bis sechs Spieler ab sechs Jahren geeignet. Es gibt ein Spielbrett, 16 Spielfiguren und einen Würfel.

5 Jeder Spieler erhält vier Figuren in einer Farbe. Wer die höchste Zahl würfelt, beginnt. Jeder Spieler darf dreimal würfeln. Wer eine Sechs hat, darf die erste Figur auf das Startfeld stellen. Danach kann man noch einmal würfeln und um die gewürfelte Zahl vorrücken. Jene Spieler, die bei der ersten Runde keine Sechs gewürfelt haben, müssen dann wieder dreimal würfeln, bis sie
10 die erwünschte Zahl sechs würfeln.

Sobald man eine Figur auf der Startposition hat, gilt es, diese so schnell wie möglich ins Ziel zu bringen. Wenn man wieder eine Sechs würfelt, muss man damit zuerst die restlichen Figuren aus der Startposition bringen und auf das Startfeld setzen. Erst wenn alle Figuren im Umlauf sind, kann man die Sechs
15 auch vorrücken.

Kommt man mit einer Figur auf ein Feld, auf dem bereits eine Figur steht, kann man diese hinauswerfen. Diese Spielfigur muss wieder auf die Anfangsposition zurück. Steht auf einem Feld, auf das man vorrücken möchte, eine eigene Figur, muss man den Zug mit einer anderen Figur machen, denn man kann sich nicht
20 selbst hinauswerfen.

Es müssen alle Spielfiguren in die Zielfelder gebracht werden, nachdem sie den vollen Kreis zurückgelegt haben. Dabei darf man die Figuren, die schon im Ziel sind, nicht überspringen, sondern jede Figur muss einzeln nachrücken, damit alle Spielfiguren auf den Zielfeldern Platz finden.

2 Zeichne die Mindmap auf ein Blatt und ergänze sie mit Informationen aus der Spielanleitung von **1**.

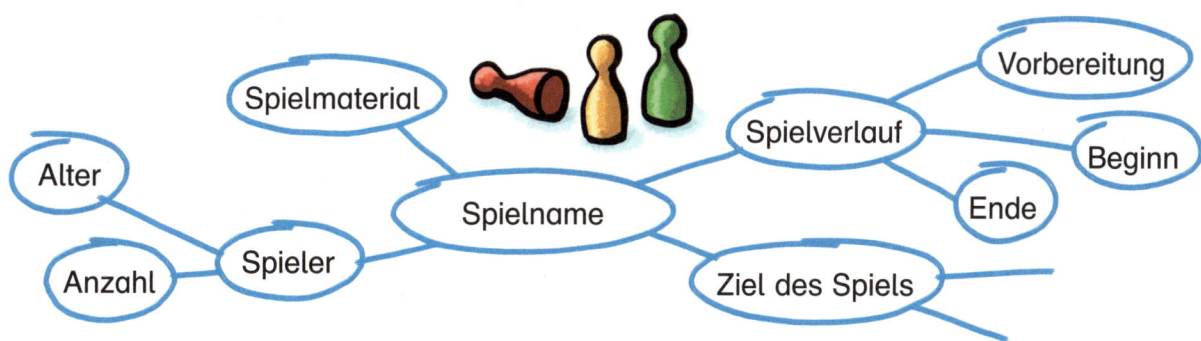

7 Eine Spielanleitung überarbeiten

1 Überprüfe die Spielanleitung eines Kindes mit Hilfe
des Leitfadens von Seite 53. Markiere Stellen, die dir auffallen.
Mache drei Verbesserungsvorschläge.

Bingo

Bingo ist ein einfaches Glücksspiel. Bei Bingo hatte derjenige gewonnen,
der in seinem Raster zuerst eine Reihe bzw. Spalte markieren konnte
und „Bingo" gerufen hat.
Bingo besteht aus 20 Wortkarten und leeren Bingofeldern. Eine **Bingokarte**
bestand aus vier Reihen und vier Spalten, also 16 Feldern.
Bei Bingo wird ein Spielleiter festgelegt. Bei Bingo suchte sich jeder Spieler
aus den Wortkarten Wörter aus, die er in seine Bingokarte in einer beliebigen
Reihenfolge einträgt. Das Spiel beginnt, wenn der Spielleiter eine Wortkarte
zieht.
Sobald ein aufgerufenes Wort auf der Bingokarte war, musste der Spieler
dieses umkreisen. Dies wird so lange gemacht, bis ein Spieler eine Reihe
oder Spalte seiner Bingokarte markiert hat. Dieser ruft dann laut: „Bingo!"
Nach Überprüfung seiner Bingokarte hatte derjenige Spieler gewonnen.
Mir gefällt Bingo gut, weil man dabei Wörter übt und es Spaß macht.
Besonders lustig ist es, wenn zwei Spieler gleichzeitig „Bingo" rufen.

Verbesserungsvorschläge:

– Nenne die Anzahl der

2 Spiele das Spiel mit mindestens zwei anderen Kindern.

a) Findet 20 Wörter mit s, ss oder ß
in der Wörterliste und schreibt sie
auf einzelne Wortkärtchen.

b) Ein Kind ist Spielleiter und nimmt
die Wortkärtchen. Die anderen zeichnen
eine Bingokarte auf ein Blatt Papier.

c) Wechselt nach einer Runde den Spielleiter.

7 Ein Lola-Spiel entwerfen

1 Suche dir ein Partnerkind.
Erstellt gemeinsam eine Mindmap.
Überlegt euch folgende Dinge:
- Name des Spiels
- Ziel des Spiels
- Anzahl der Spieler und Alter
- Spielmaterial
  (z.B. Spielfiguren, Spielplan …)
- Vorbereitung des Spiels
  (z.B. Karten mischen …)
- Spielbeginn
  (z.B. dreimal würfeln …)
- Spielverlauf
  (z.B. Ereigniskarten ziehen …)
- Spiel-Ende

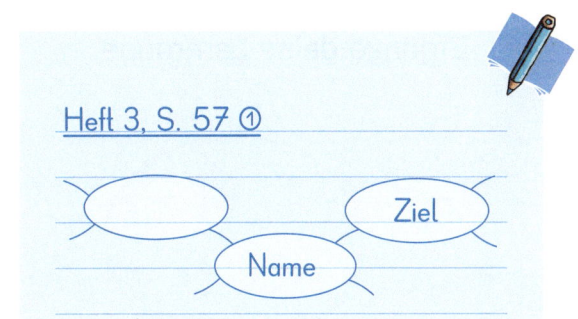

Heft 3, S. 57 ①

Ziel
Name

Erfinde eigene Regeln für ein Lola-Spiel.

2 Schreibt mit Hilfe des Leitfadens von Seite 53 und eurer Mindmap
eine Spielanleitung für euer Spiel auf eine Karteikarte oder ein leeres Blatt.

3 Erstellt das benötigte Material,
zum Beispiel den Spielplan
oder Ereigniskarten oder …
Probiert das Spiel dann aus.

4 Legt in der Klasse eine Kartei oder einen Hefter an.
So könnt ihr eure Spielanleitungen sammeln.

7 Über das eigene Lernen nachdenken

Ergänze deine Lernraupe.

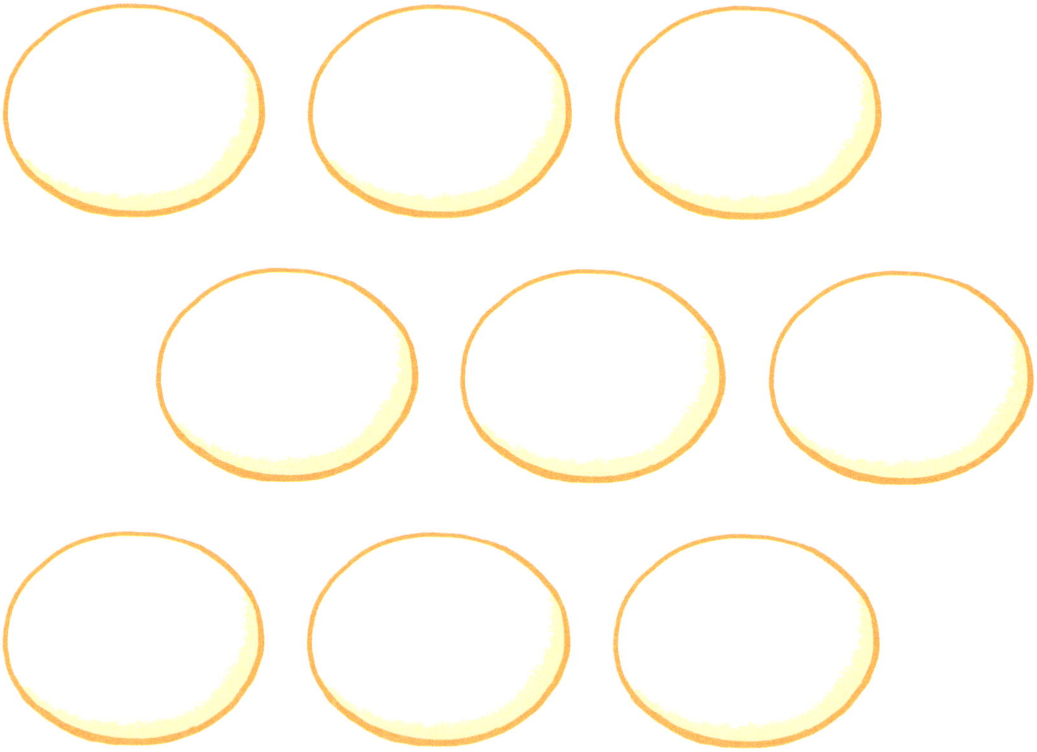

Was wünschst du dir für dein Lernen?

8 Verschiedene Gedichtarten erkennen

1 Ordne die Gedichte den Merkmalen zu.
Notiere jeweils den passenden Buchstaben.

D Gelbgrüne Kirschen
in dunkelgrünem Blattwerk
eine errötet

Heike Stehr

 **A**

C

A
One and two, three, four and five.
Once I caught a fish alive.
Six and seven, eight, nine, ten.
Then I let it go again.

C
Der Schnupfen

Ein Schnupfen hockt auf der Terrasse,
auf dass er sich ein Opfer fasse
– und stürzt alsbald mit großem Grimm
auf einen Menschen namens Schrimm.
Paul Schrimm erwidert prompt: „Pitschü!",
und hat ihn drauf bis Montag früh.

Christian Morgenstern

B Gelb
strahlender Sonnenschein
oben am Himmel
warm auf meiner Haut
Sommer

Das Gedicht hat insgesamt 17 Silben.
Das Thema des Gedichts ist die Natur.
HAIKU

In dem Gedicht stehen betonte und unbetonte Silben meist abwechselnd.
Das Gedicht wird gebraucht, um ein Kind aus einer Gruppe auszuwählen.
ABZÄHLVERS

In sich reimenden Zeilen gibt es gleich viele Silben.
Die letzten Wörter von zwei aufeinanderfolgenden Zeilen reimen sich.
REIMGEDICHT

Das Gedicht nennt als erstes Wort eine Farbe.
Das Gedicht besteht aus elf Wörtern in fünf Zeilen.
ELFCHEN

2 Wähle eine Gedichtart aus und schreibe ein eigenes Gedicht auf ein Blatt.
Achte auf die Merkmale. Du kannst auch am Computer schreiben.

3 Trage dein Gedicht aus **2** auswendig vor.

8 Spielerisch ein Gedicht verfassen

1 Fülle deinen rechten Reimeimer mit möglichst vielen eigenen Reimwortpaaren.

klein – fein

  sitzen – schwitzen

entzückt – verrückt

  Stein – Bein

dort – Ort

Sonne – Tonne

  stehen – gehen

2 Verfasse ein eigenes Gedicht.

a) Schlage in diesem Heft eine beliebige Seite auf oder nimm die Wörterliste. Tippe blind auf ein Wort. Schreibe es auf einen Zettel.

b) Wiederhole diesen Vorgang so oft, bis du mindestens sechs Wörter aufgeschrieben hast.

c) Schreibe selbst ein Reimgedicht, in dem deine Wörter vorkommen. Unterstreiche am Ende deine Wörter.

Garten   wenig
durstig   dünn
bleiben   Autor
Foto   flach
süß   Maus

Im Garten sitzt die süße Maus.
Der dünne Autor bleibt im Haus.
Er sitzt mit wenig Fotos dort.
So springt er durstig in den Ort.
Das macht so einen großen Krach.
Die Maus ist leider ziemlich flach.

8 Ein Rondell schreiben

Ein **Rondell** ist ein Gedicht mit sieben Zeilen, das sich meist nicht reimt.
Die Zeilen 4 und 7 sind Wiederholungen von Zeile 1.
Die anderen Zeilen ergänzen das Thema des Rondells.

Mit Lola arbeiten macht Spaß.
Sie gibt uns viele Tipps.
Sie hilft uns bei den Aufgaben.
Mit Lola arbeiten macht Spaß.
Mit ihrem Buchstabenkleid sieht sie lustig aus.
Sie lächelt immer.
Mit Lola arbeiten macht Spaß.

Es gibt auch andere Formen des Rondells.

1 Schreibe selbst ein Rondell.

a) Lies den Bauplan im Kasten genau.

b) Finde ein Thema, über das du schreiben möchtest, z. B. dein Hobby.

c) Finde einen Satz für die Zeilen 1, 4 und 7.

d) Ergänze die restlichen Zeilen.

e) Überlege dir eine passende Überschrift und schreibe sie auf.

1 _____
2 _____
3 _____
4 _____
5 _____
6 _____
7 _____

2 Überprüfe, ob du den Bauplan eingehalten hast.
Vergleiche dein Rondell mit dem Beispiel oben auf der Seite.

8 Ein Schneeballgedicht schreiben

> Ein **Schneeballgedicht** beginnt mit einem Buchstaben.
> In jeder Zeile wird die Buchstabenmenge um einen Buchstaben größer.

(1) I
(2) da
(3) ist
(4) eine
(5) Biene
(6) im Glas
(7) und isst
(8) den Honig

1 Schreibe ein möglichst langes Schneeballgedicht auf ein Blatt.

2 Gestalte mit deinem Gedicht ein passendes Schmuckblatt.

> Bei meinem Schneeballgedicht nehmen die Buchstaben wieder ab.

3 Vergleiche dein Gedicht mit anderen Schneeballgedichten.

  4

Ergänze deine Lernraupe.

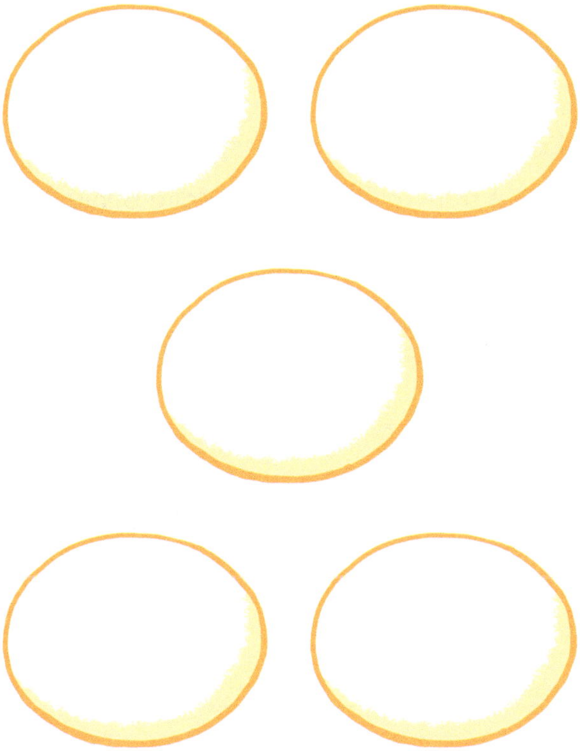

Sieh dein gelbes Heft noch einmal gründlich durch. Nutze alle Ideen aus den vergangenen Lernportionen.

Themenheft 3
Texte planen und schreiben

Herausgegeben von:	Roland Bauer, Jutta Maurach
Erarbeitet von:	Katrin Baudendistel, Daniela Dreier-Kuzuhara
Fachliche Beratung exekutive Funktionen:	Dr. Sabine Kubesch, INSTITUT BILDUNG plus, im Auftrag des ZNL TransferZentrum für Neurowissenschaften und Lernen, Ulm
Begutachtung:	Katrin und Peter Bertram (Mühlenbeck), Maire Büntemeyer (Syke), Angelika Fischer (Weiterstadt), Claudia Hoeschen (Kappeln), Sybille Maier-Alvarez del Cid (Achern), Julia Schäfer (Gießen)
Redaktion:	Martina Schramm, Sabine Gerber, Mirjam Löwen
Illustration:	Yo Rühmer, Frankfurt am Main
Umschlaggestaltung:	Cornelia Gründer, agentur corngreen, Leipzig
Layout und technische Umsetzung:	lernsatz.de

fex steht für *Förderung exekutiver Funktionen.* Hierbei werden neueste Erkenntnisse der kognitiven Neurowissenschaft zum spielerischen Training exekutiver Funktionen für die Praxis nutzbar gemacht. **fex** wurde vom **ZNL TransferZentrum für Neurowissenschaften und Lernen** (www.znl-ulm.de) an der Universität Ulm gemeinsam mit der **Wehrfritz GmbH** *(www.wehrfritz.com)* ins Leben gerufen. Der Cornelsen Verlag hat in Kooperation mit dem ZNL ein Konzept für die Förderung exekutiver Funktionen im Unterrichtswerk *Einsterns Schwester* entwickelt.

www.cornelsen.de

1. Auflage, 1. Druck 2017

Alle Drucke dieser Auflage sind inhaltlich unverändert
und können im Unterricht nebeneinander verwendet werden.

© 2017 Cornelsen Verlag GmbH, Berlin

Druck: Firmengruppe APPL, aprinta Druck, Wemding

ISBN 978-3-06-081748-1 (Themenheft Verbrauchsmaterial)
ISBN 978-3-06-084247-6 (E-Book Einsterns Schwester 4 Verbrauchsmaterial)

Dieses Heft ist Bestandteil des Pakets „Einsterns Schwester 4", Verbrauchsmaterial
(ISBN 978-3-06-081740-5) und kann auch einzeln bestellt werden.

PEFC zertifiziert
Dieses Produkt stammt aus nachhaltig
bewirtschafteten Wäldern und kontrollierten
Quellen.

www.pefc.de

PEFC/04-32-0928